가장 쉬운 굿즈 만들기

손혜린 지음

정보문화사
Information Publishing Group

이 책은 비교적 구하기 쉬운
일러스트레이터 CS6 버전을
기반으로 작성되었으나 최신
버전까지 동일하게 활용
가능하므로 편리한 버전을
설치하여 사용하면 됩니다.

가장 쉬운
굿즈 만들기

초판 1쇄 인쇄 | 2020년 11월 20일
초판 1쇄 발행 | 2020년 11월 30일

지 은 이 | 손혜린
발 행 인 | 이상만
발 행 처 | 정보문화사

책 임 편 집 | 노미라

주   소 | 서울시 종로구 동숭길 113
전   화 | (02)3673-0114
팩   스 | (02)3673-0260
등   록 | 1990년 2월 14일 제1-1013호
홈 페 이 지 | www.infopub.co.kr

I S B N | 978-89-5674-898-6

필자는 캐릭터를 제작하고, 캐릭터를 활용하여 이모티콘을 만들고, 다양한 굿즈를 제작해 판매하고, 여러 기업과 협업하고, 디자인 교육 활동도 하는 등 여러 가지 일을 해 나가고 있습니다. 제작한 굿즈는 페어에 참가하거나 팝업스토어를 열어 판매하기도 하고, 입점 계약한 여러 온 · 오프라인 스토어나 직접 운영하고 있는 개인 오프라인 스토어에서 판매하기도 합니다.

이렇게 여러 분야로 일을 확장해 나가면서, 처음에는 두려움도 많았고 관련 정보를 얻기가 어려워 시행착오도 많이 경험했습니다. 그러나 막상 진행하고 보면, 매우 어려워 보였던 일도 별것 아니었다는 것을 알 수 있었습니다. 그리고 이 분야의 일을 하고자 하는 다른 사람들은 어려워하지 않고 시행착오를 줄일 수 있도록, 필자가 직접 부딪히고 경험하며 배운 부분을 쉽게 알려주고 싶다고 생각하게 되었습니다. 최대한 쉽게 많은 내용을 공유하고자 노력한 만큼, 이 책은 이 분야에서 일하기를 꿈꾸는 학생들, 처음 이 분야에 뛰어들고 싶은 분들, 작품 활동은 계속해왔지만 굿즈 분야로 확장하고 싶은 작가들에게도 좋은 길잡이가 되리라 생각합니다.

혼자서 작품 활동만 하는 것과, 굿즈를 제작해 판매하는 데에는 큰 차이가 있습니다. 굿즈 제작 및 판매에는 작품적인 것뿐만 아니라 사업적인 측면도 늘 함께 고려해야 하기 때문입니다. 그림의 작품성은 지극히 개인적인 부분이므로, 이 책에서는 많은 분들이 어려움을 겪는 현실적인 내용을 많이 공유하고자 노력했습니다.

이 책은 굿즈 제작을 목적으로 하므로, 일러스트레이터 전문 서적만큼 프로그램에 대해 자세히 다루지는 않습니다. 그러나 일러스트레이터를 처음 다루더라도 기본적인 굿즈는 제작할 수 있을 정도로 굿즈 제작에 있어 핵심적인 부분은 모두 압축해서 담았습니다. 물론 프로그램에 대한 기본기가 어느 정도 있다면 더 쉽게 진행할 수 있을 것입니다.

일러스트레이터로 굿즈 제작을 하는 데 한 가지 정답만 있는 것은 아닙니다. 같은 결과물이어도 다양한 방법으로 만들 수 있기 때문에, 기본 원리를 이해한 후 여러 기능을 응용하며 끝없이 연습하다 보면 나에게 편리한 작업 노하우가 생길 것입니다. 따라서 이 책을 따라 연습한 뒤, 스스로 꾸준히 실습해보길 권장합니다.

한 단계 한 단계 앞으로 나아가기는 결코 쉽지 않지만, 일단 도전하고 끝없이 노력한다면 누구나 해낼 수 있습니다. 굿즈 제작 및 판매를 하고 싶지만, 너무 막막하고 누군가에게 방법을 물어보고 싶지만 선뜻 도전하지 못해 머뭇거리던 모든 이들에게 조금이나마 도움이 되길 바랍니다.

손혜린

목차

목차

PART

06 굿즈 판매하기

PART
01

누구나 사고 싶은
매력적인 굿즈
기획하기

굿즈를 제작하고 싶다고 해서 무턱대고 바로 디자인을 할 수는 없습니다.
그렇다면 나만의 매력적인 굿즈를 만들기 위해 먼저 무엇을 해야 할까요?
바로 기획입니다. 여러 상황을 고려한 탄탄한 기획이 경쟁력 있는 굿즈를 만듭니다.

01 캐릭터 개발하기

굿즈를 제작하려면 먼저 나만의 캐릭터를 개발해야 합니다. 좋은 굿즈는 그만큼 좋은 캐릭터가 기반이 되어야 하기 때문입니다. 물론 캐릭터가 없어도 나만의 그림 스타일로 굿즈를 제작할 수 있지만, 이 책에서는 캐릭터 상품을 위주로 다뤄보도록 하겠습니다.

01 캐릭터의 콘셉트와 스토리

캐릭터를 개발할 때는 눈코입이 어디에 있는지, 어떻게 생겼는지에만 집중하기 쉽습니다. 그러나 단순히 캐릭터의 외모에만 집착하여 개발하게 되면, 캐릭터를 다양한 굿즈로 확장해 나가며 장기적으로 육성하는 데 어려움이 있을 수 있습니다. 캐릭터를 다방면으로 확장하기 위해서는 캐릭터의 외모만큼이나 콘셉트와 스토리 또한 중요합니다. 많은 인기 캐릭터들이 영화 또는 만화로부터 탄생하는 것도 탄탄한 스토리가 기반이 되기 때문입니다.

이렇게 내부적으로는 콘텐츠를 통해 콘셉트와 스토리를 견고히 해 나가고, 이를 바탕으로 외부적으로는 캐릭터 상품을 개발하여 굿즈로 확장해 나가면서 캐릭터의 입지가 단단해지는 것입니다. 즉, 캐릭터 자체가 매력적으로 느껴지는 것도 중요하지만, 내 캐릭터만이 가지고 있는 전체적인 콘셉트와 스토리가 그만큼 중요합니다. 캐릭터 개발에 집중하다 보면 이를 간과하는 경우가 많기 때문에 꼭 기억해두는 것이 좋습니다.

캐릭터의 콘셉트는 매우 다양한데, 이는 외적인 부분과 내적인 부분으로 나누어볼 수 있습니다. 먼저 외적으로는 캐릭터의 종류를 무엇으로 할 것인지를 들 수 있습니다. 인물로 할 것인지, 동물이나 식물로 할 것인지, 사물을 의인화할 것인지, 또는 판타지적인 요소로 제작할 것인지 등 다양한 종류를 구상해볼 수 있습니다. 또, 그림 스타일을 어떤 스타일로 할 것인지 또한 외적인 컨셉에 해당합니다. 매우 세련된 그래픽 디자인 스타일로 개발할 것인지, 낙서처럼 친근한 손그림 스타일로 그릴 것인지, 귀엽고 아기자기한 스타일로 제작할 것인지 등 전체적인 분위기를 결정해야 합니다.

내적인 콘셉트는 스토리와 직결됩니다. 캐릭터의 성격은 어떤지, 어떤 스토리를 가지고 있는 캐릭터로 설정할 것인지를 의미하는 것입니다. 이에 따라 캐릭터를 활용한 굿즈를 제작해나갈 때 어떤 방향으로 디자인할 것인지, 어떤 종류의 굿즈를 만들 것인지까지 결정하게 됩니다.

또한, 내적인 컨셉에 따라 그에 어울리는 캐릭터의 메인 컬러나 그림 스타일, 굿즈의 전체적인 디자인 콘셉트와 컬러가 결정될 수 있기 때문에, 내적·외적 콘셉트는 결국 별개의 요소가 아니라 복합적으로 연결되어 있는 것이라 볼 수 있습니다. 캐릭터의 네이밍 또한 이러한 복합적인 콘셉트를 정한 다음 이와 어울리는 이름으로 결정하는 것이 좋습니다. 캐릭터의 이름은 추후에 캐릭터가 성장하면서 브랜드네임과도 같은 역할을 하기 때문입니다.

필자가 개발한 캐릭터를 예시로 살펴보도록 하겠습니다. 필자는 전체적으로는 '가족'이라는 콘셉트를 정하고, 누구나 공감대를 느낄 수 있는 친근하고 소소한 분위기로 캐릭터를 제작했습니다. 이에 따라 누구나 그릴 수 있을 것처럼 생긴 간단한 손 그림체를 활용하고, 색상도 최대한 절제했습니다. 또, 쉽고 직관적이며 내 가족과 같이 느낄 수 있도록 가족 캐릭터 전체를 '우리패밀리'로 네이밍을 했습니다. 그러면서도 누구나 '우리 엄마 같다', '내 얘기 같다'고 느낄 수 있게 하기 위해서 캐릭터 전체의 이름만 짓고, 각 구성원에게는 이름을 부여하지 않았습니다. 대신 단순히 '엄마', '아빠', '딸', '아들'로만 설정했는데, 이 또한 필자가 정한 컨셉의 일환이라 볼 수 있습니다.

다음의 이미지는 필자가 캐릭터의 콘셉트와 스토리를 견고히 하기 위해 제작한 짧은 만화입니다.

캐릭터의 콘셉트와 스토리 강화를 위해 제작한 짧은 만화

이와 같이 전체적인 스토리는 아기자기하고 따뜻하면서도, 한편으로는 재치 있고 유머러스한 느낌으로 설정했습니다. 이렇게 캐릭터의 콘셉트와 스토리를 명확히 잡아놓으면 그에 적합한 일을 의뢰받아 기업과 협업해나갈 수도 있습니다.

캐릭터의 콘셉트와 스토리에 맞는 기업과의 협업 작업

모든 캐릭터는 주변 요소들과 연결됩니다. 캐릭터를 개발하고, 콘셉트와 스토리를 견고히 하다 보면 자연스럽게 주변 캐릭터와 아이템이 필요하게 됩니다. 따라서 서로 이질감이 느껴지지 않게 같은 콘셉트와 스토리 내에서 서브 캐릭터를 개발하고, 캐릭터가 필요로 하는 아이템이나 자주 쓰이는 요소들을 함께 개발해야 합니다. 이는 캐릭터의 탄탄한 스토리를 구성하는 데에도 필요하지만, 굿즈 제작을 위해서도 꼭 필요한 과정입니다. 캐릭터가 덩그러니 혼자 있으면 다양한 굿즈를 만들어나가는 데도 어려움이 있고 소비자도 금방 싫증을 느낄 수 있기 때문입니다.

유명한 히어로 캐릭터들을 예로 들어 보면, 메인이 되는 캐릭터와 서브가 되는 캐릭터가 있고, 또 캐릭터 외에도 자주 등장하는 요소들이 있습니다. 그리고 그러한 각각의 요소나 아이템이 캐릭터 없이도 독립적인 힘을 가지고 굿즈로 탄생하는 경우를 많이 볼 수 있습니다. 이렇게 캐릭터뿐만 아니라 주변의 요소들 또한 매우 중요한 역할을 하므로, 모두 함께 유기적으로 개발하는 것이 좋습니다.

다양한 요소들을 개발할 때 유의해야 할 점은, 어느 정도 전체적인 통일감이 느껴질 수 있도록 해야 한다는 것입니다. 메인 캐릭터, 서브 캐릭터, 그 외 아이템들이 제각각 다른 느낌을 준다면 전체적으로 연계되는 느낌이 사라져서 결국 굿즈를 제작해도 중구난방해 보일 수 있습니다. 따라서 서브 캐릭터와 서브 요소들은 메인 캐릭터와 통일감이 느껴지는 범위 내에서 메인 캐릭터를 받쳐주는 역할을 하고, 동시에 독립적으로도 매력이 느껴지도록 개발하는 것이 좋습니다.

필자는 '가족', '집'이라는 콘셉트를 가지고 제작하기 때문에 그러한 의미를 담아 다음의 예시와 같이 다양한 곳에 지붕이라는 아이템을 활용하고 있습니다. 가족 간에 주고받는 사랑을 의미하는 하트 꽃이나, 가족과 함께 생활하는 반려견 및 반려묘 캐릭터도 자주 활용합니다. 가족 간에 자주 쓰이는 말이나 문구를 아이템으로 함께 활용하는 것도 특징입니다. 또, 캐릭터는 무채색이지만, 주변 요소에는 따뜻함과 재미를 느낄 수 있도록 노란색을 메인 컬러로 활용하여 통일감을 주고 있습니다. 특징적인 이목구비를 반복적으로 활용하는 것도 전체적으로 통일감이 느껴지도록 도와줍니다.

지붕, 메인 컬러, 문구 등의 다양한 아이템을 활용한 예시

특징적인 이목구비를 반복적으로 활용하여 통일감을 준 예시

이렇게 내 캐릭터만의 특징적인 콘셉트와 스토리를 찾고 그에 알맞은 흥미로운 요소들을 함께
개발하다 보면, 굿즈도 더욱더 쉽고 재미있게 기획할 수 있습니다.

02 캐릭터에서 굿즈로, 굿즈 기획하기

매력 있는 나만의 캐릭터를 개발했다면 이제 굿즈로 확장해볼 차례입니다. 잘 만들어진 캐릭터의 얼굴만 삽입한다고 해서 좋은 굿즈가 만들어지는 것은 아닙니다. 다양한 요소를 고려하여 기획한 후 제작해야 경쟁력 있는 굿즈가 탄생합니다. 그렇다면 굿즈를 기획할 때에는 무엇을 고려해야 할까요?

01   굿즈의 콘셉트와 스토리

굿즈에도 캐릭터와 마찬가지로 콘셉트와 스토리가 있습니다. 그렇다면 이는 어떻게 설정해야 할까요? 굿즈의 콘셉트와 스토리는 캐릭터와 별개가 아니라, 캐릭터의 컨셉 및 스토리와 같은 결에서 이어지도록 하는 것이 중요합니다. 캐릭터에서 확장해 나가는 표현이 바로 굿즈인 것입니다. 예를 들어, 캐릭터는 비비드한 컬러의 밝고 명랑한 콘셉트로 제작하고, 굿즈는 갑자기 흑백 색상의 시크한 콘셉트로 제작한다면 이는 캐릭터의 성향과 느낌을 적절히 표현해내지 못한 별개의 굿즈가 됩니다. 그렇게 되면 구매층에 대한 예측이 어려워지고, 소비자 또한 혼란을 겪게 됩니다. 따라서 내 캐릭터의 콘셉트와 스토리를 잡았다면, 그 연장선상에서 그것을 잘 표현해줄 수 있도록 굿즈의 콘셉트를 구상해야 합니다.

필자는 귀엽고 아기자기하면서도, 공감 가고 재치 있는 콘셉트로 가족 캐릭터를 개발했습니다. 이에 따라 굿즈도 가족 아이템을 주로 만들면서도, 누구나 공감할 수 있는 엄마들의 잔소리나 딸들의 생활을 들여다보는 것 같은 멘트가 담긴 아이템을 제작했습니다.

뒤의 예시에서 볼 수 있듯이, 캐릭터의 콘셉트와 스토리를 확장하여 굿즈의 분위기를 설정했으며, 전체적인 굿즈의 디자인이나 컬러 또한 이와 연결되도록 제작했습니다.

이렇게 굿즈는 캐릭터의 콘셉트를 더욱 명확하게, 그리고 견고하게 해주는 역할을 하도록 제작해야 합니다. 그림 자체가 매력이 있다 하더라도 굿즈가 무미건조하다면 오히려 캐릭터의 매력을 반감시킬 수도 있습니다. 그림 자체가 힘이 되는 굿즈도 좋은 굿즈가 될 수 있지만, 더욱 경쟁력 있고 매력도 높은 굿즈를 제작하기 위해서 이러한 요소를 함께 고려하여 기획하면 훨씬 더 좋은 결과물을 만들어낼 수 있을 것입니다.

캐릭터의 컨셉에 기반을 두고 굿즈로 확장한 예시

02 적절한 굿즈 품목 선택하기

굿즈의 콘셉트와 스토리를 확고히 했다면, 이제 어떤 굿즈를 제작할지 선택할 차례입니다. 전체적인 컨셉도 중요하지만, 그 품목 또한 매우 중요하므로 다양한 조건에 맞추어 신중히 선택하는 것이 좋습니다. 그렇다면 굿즈의 종류에는 대략 어떤 것들이 있고, 어떤 품목을 선택하는 것이 좋을지 간단히 살펴보겠습니다.

02-1 굿즈의 종류

굿즈는 크게 문구류, 봉제류, 생활용품류 등으로 나눌 수 있습니다.

먼저, 문구류에는 가장 쉽게 제작을 시도할 수 있는 품목들이 많습니다. 문구류에서 가장 많은 부분을 차지하는 것이 지류 품목이라고 볼 수 있는데, 여기에는 엽서, 카드, 스티커, 떡메모지, 접착메모지, 달력, 플래너 등 다양한 종류가 있습니다.

지류 상품

이 밖에도 지류는 좋은 아이디어만 있다면 간단한 인쇄 및 재단 방식을 활용하여 새로운 굿즈를 창조해내기에 용이한 품목이기 때문에, 자신만의 독특한 굿즈 개발을 시도해볼 수도 있습니다. 지류 외에도 문구류에는 볼펜, 필통, 마스킹테이프, 스탬프 등 다양한 굿즈들이 있습니다.

봉제류에는 가장 대표적으로 인형, 쿠션이 있습니다. 그 외에도 가방이나 파우치, 의류 등 여러 굿즈가 있습니다. 봉제류는 진입장벽이 꽤 높기 때문에 여러 상황을 고려하여 신중히 접근하는 것이 좋습니다.

봉제류 상품

생활용품의 종류에는 한계가 없기 때문에, 사실 우리 일상의 모든 물건들이 굿즈가 될 수 있습니다. 일반적으로는 키링, 배지, 파우치, 손거울, 컵 등을 많이 제작하며, 그 외에도 생활하는 데에 사용하는 모든 용품들이 굿즈로 탄생할 수 있습니다.

생활용품류 상품

02-2 콘셉트와 어울리는 굿즈

그렇다면 이렇게 다양한 굿즈 중 어떤 것을 선정하여 제작하는 것이 좋을까요? 자신이 선정한 컨셉에 맞게 굿즈를 디자인하는 것도 중요하지만, 컨셉에 적합한 굿즈의 품목은 무엇일지를 고려하여 적절한 상품을 선택하는 것 또한 중요합니다. 문구류의 경우, 굿즈를 만드는 사람이라면 누구나 쉽게 제작하는 품목이지만, 자신의 컨셉에 맞는 독창적인 아이디어를 더한다면 나만의 특색이 담긴 개성 있는 굿즈가 될 수 있습니다.

아이디어를 더해 만든 개성 있는 문구류 굿즈

위의 예시는 필자가 제작한 미니 증명서와 용돈 봉투입니다. 이 두 상품은 다른 문구류 상품들보다도 매우 높은 판매량을 보이는 상품들입니다. 이처럼 간단한 지류 상품이지만 내 컨셉에 맞는 상품을 개발한다면 매우 경쟁력 있는 상품이 될 수 있습니다.

생활용품의 경우에도 품목이 무궁무진하기 때문에, 자신의 컨셉에 맞는 품목을 선택하면 그 자체로도 나만의 매력 있는 굿즈가 될 수 있습니다.

캐릭터의 컨셉에 맞는 생활용품을 선택하여 제작한 굿즈

필자의 경우, 위의 예시와 같이 가족이 집에서 사용하는 생활용품을 선택하여 굿즈를 제작했고, 이 상품들 또한 많은 사랑을 받고 있습니다. 컨셉에 맞는 품목을 선택한 것만으로도 매력적인 굿즈가 될 수 있는 것입니다. 자신의 컨셉에 적합한 모든 용품들이 나만의 개성 있는 굿즈가 될 수 있으므로 주변에서 잘 탐색하여 품목을 신중히 선정해보기 바랍니다.

02-3 상황에 적합한 굿즈

굿즈의 품목을 선정할 때 콘셉트와의 적합성 외에 또 고려해야 할 점은 바로 현실적인 상황입니다. 자신의 현재 예산이나 예상 판매 수량, 재고 보관 방법, 판매 경로 등 여러 상황적 조건에 적합한 품목을 선택해야 하는 것입니다. 굿즈를 제작하고자 하는 사람이라면 누구나 가장 퀄리티가 높은 상품을 다양하게 제작하고 싶겠지만, 무턱대고 원하는 고퀄리티의 상품들을 모두 제작할 수는 없는 것이 현실입니다. 따라서 자신의 여러 가지 상황을 신중히 고려하여 품목을 고르는 것이 좋습니다.

지류 상품 중 노트형 상품들은 기본적으로 대량 제작인 경우가 많아 쉽게 접근하기 어렵지만, 그 외 지류 상품들은 소량, 저예산으로 제작할 수 있기 때문에 처음 굿즈를 제작할 때 시도하기에 매우 용이합니다.

반면, 봉제류는 제작에 요구되는 최소 수량이 많고, 부피도 크기 때문에 보관에도 어려움이 있습니다. 또, 원가도 문구류에 비하면 매우 높으며 판매가 또한 일반적으로 문구류보다는 높기 때문에, 판매 수량이 상대적으로 적을 수밖에 없습니다. 따라서 굿즈 제작 초반에 접근하기에는 어려움이 있는 품목입니다.

이렇게 최소 수량이나 제작 비용, 보관 방법을 고려해야 하지만, 그 외에도 판매 방법, 포장 방법, 배송 방법 등 여러 고려해야 할 점들이 있습니다. 예를 들어 인터넷 판매를 하고자 하는 경우, 하나하나 포장하여 배송하는 것 또한 생각보다 매우 많은 시간을 필요로 하고, 포장 및 배송비용도 따로 발생합니다. 이때 파손의 우려가 있는 상품의 경우, 포장과 배송에 더 어려움이 커집니다. 또, 큰 행사를 열게 되는 경우에는 지류와 같은 문구류만으로는 행사 진행이 어렵기 때문에 부피감이 있는 굿즈도 다품종으로 제작해야 합니다.

이처럼 다양한 상황이 있을 수 있기 때문에, 자신의 현실적인 현재 상황을 고려하여 적합한 품목을 고르는 것도 매우 중요하다고 할 수 있습니다.

03 굿즈를 기획할 때 고려해야 할 것들

콘셉트와 스토리를 고려하여 캐릭터를 개발하고, 그 콘셉트를 이어나가 굿즈를 기획하고, 여러 상황을 고려하여 품목도 정해봤습니다. 그렇지만 이 과정에서 꼭 함께 고려해야 할 점들이 있습니다. 바로 판매에 대한 요소들입니다. 이 부분에 대해 우선 여기서는 간단히 살펴보고, 추후 'PART 6. 굿즈 판매하기'에서 더 자세히 다뤄보겠습니다.

03-1 타깃과 판매처

굿즈는 결국 판매를 목적으로 하기 때문에, 어떤 구매층이 내 캐릭터, 내 굿즈에 매력을 느끼며 소비할 것인지 충분히 고려해야 합니다. 즉, 내 굿즈의 타깃을 탐색해야 합니다. 필자가 경험한 바로는, 고객이 굿즈에 매력을 느끼게 하고 고객에게 보는 즐거움을 주는 것은 비교적 쉽습니다. 이 또한 매우 뿌듯한 경험이고 직업적 보람을 느끼게 하는 일이지만, 굿즈 제작자의 입장에서는 판매 또한 필수적인 요소입니다. 그러나 호감에서 나아가 실질적인 구매까지 이어지도록 하는 데에는 매우 다양한 변수들과 장애 요소가 존재합니다. 그 벽을 이겨내는 매력이 굿즈에 있어야만 하는 것입니다. 또, 어떤 판매처에서 판매하느냐에 따라 주고객층이 다르고, 그에 따라 판매량이 높은 상품 또한 달라지기도 합니다. 따라서 호감도, 판매가, 퀄리티 등을 직접 구매자의 입장에서 고려해보면서 보다 더 경쟁력이 높은 굿즈를 만들어야 합니다.

03-2 원가와 예산

굿즈를 기획할 때에는 원가와 예산 또한 함께 고려해야 합니다. 전체적인 예산을 먼저 잡고, 그 예산을 여러 굿즈 품목에 어떻게 분배할지 생각해야 합니다. 제작비를 계산했을 때 예산이 지나치게 많이 초과되었다면, 처음 계획했던 것보다 굿즈의 종류를 조금 줄이는 것도 방법입니다. 경험이 부족할 때, 만들고 싶은 굿즈를 대량으로 만들었다가 막상 판매해보니 판매량이 낮은 상품이 된다면, 악성 재고가 되어 보관과 처리가 매우 곤란해집니다. 또, 보관 기간이 길어지면 굿즈가 상하는 경우도 있기 때문에 처음부터 너무 많은 양을 섣불리 만드는 것은 좋지 않습니다.

따라서 처음으로 굿즈를 제작하여 판매해보려 한다면, 처음에는 소량으로 시작하여 테스트 삼아 판매해본 후 반응을 보고 경험을 쌓으며 늘려나가는 것이 좋습니다. 굿즈를 소량으로 제작하게 되면 단가가 올라가 수익은 거의 발생하지 않을 수 있지만, 처음에는 수익보다는 시험에 중점을 두고 시도해보는 것이 추후의 문제 발생을 줄일 수 있습니다. 실제로 제작 및 판매를 하다 보면 다양한 변수들이 나타나기 마련이므로, 직접 경험해보면서 여러 상황에 유연성 있게 대처하며 규모를 키워나가는 것이 좋습니다.

굿즈 제작을 위한 일러스트레이터 프로그램 익히기

본격적으로 내가 기획한 굿즈를 만들기 전에, 굿즈 제작을 위한 일러스트레이터 프로그램을 익혀봐야겠죠? 이 책은 굿즈 제작이 주제이므로 일러스트레이터 전문 서적만큼 프로그램을 자세히 다루지는 않겠지만, 굿즈 제작 시 가장 많이 쓰이는 핵심 기능들을 위주로 배워볼 것입니다. 다양한 기능을 배우면 더 많은 응용 작업이 가능하므로, 추후에 필요한 독자분들은 심화 공부를 해보시길 추천해드립니다.

자, 그러면 가장 중요한 포인트들만 쏙쏙 뽑아 살펴보도록 하겠습니다.

01 기본 개념 이해하기

굿즈를 제작할 때에는 왜 일러스트레이터 프로그램을 사용할까요? 일러스트레이터와 관련된 기본 개념들에 대해 하나씩 살펴보면서 일러스트레이터라는 프로그램을 이해해보겠습니다.

01 비트맵과 벡터

우리가 흔히 그림이나 사진을 보고 화질이 좋다거나 해상도가 높다고 말하는 것은 모두 픽셀의 수가 많다는 것을 의미합니다. 그림을 구성하는 점의 수가 많으니 더 촘촘해지고, 그에 따라 더 선명하게 보이는 것입니다. 이렇게 픽셀을 활용한, 우리가 일반적으로 생각하는 이미지들이 모두 비트맵 이미지입니다. 우리가 자주 쓰는 jpg, png, gif 파일 형식이 모두 비트맵입니다. 비트맵 방식을 사용하는 대표적인 프로그램으로는 포토샵이 있습니다.

그런데 일러스트레이터는 이 비트맵 방식을 사용하지 않고 벡터 방식을 사용합니다. 그렇다면 벡터 방식이란 무엇이고, 비트맵과는 어떤 점이 다를까요? 벡터 방식은 점과 점을 선이 연결하고, 선과 선이 모여 면을 만드는 수학적인 원리로 만들어진 방식입니다. 이에 따라 벡터 이미지는 확대하면 깨지는 비트맵 이미지와는 달리, 아무리 확대해도 깨지지 않는 특징을 가지고 있습니다.

확대하면 깨지는 비트맵 이미지

확대해도 깨지지 않는 벡터 이미지

이러한 벡터 이미지의 장점 때문에 인쇄물을 제작할 때, 그리고 굿즈를 만들 때에도 일러스트레이터를 활용하는 것입니다. 벡터 이미지는 해상도와 전혀 상관이 없기 때문에 한번 만들어놓은 그림 소스를 크기가 매우 작은 스티커에도 활용하고, 반대로 크기가 매우 큰 포스터에도 활용하는 등 다양하게 응용할 수 있습니다.

02   RGB와 CMYK

색상의 타입은 크게 RGB와 CMYK로 구분할 수 있습니다. RGB가 바로 우리가 컴퓨터의 화면 상으로 보는 색상입니다. 웹의 환경에서 쓰이는 빛의 삼원색으로, 'Red', 'Green', 'Blue'를 의미하는 용어입니다. RGB로는 매우 채도가 높은 형광색과 같은 색상까지 표현됩니다. 컴퓨터 및 핸드폰의 배경화면이나 웹 사이트 등 화면상에서 최종 결과물을 사용할 경우에는 주로 이 RGB 타입으로 작업을 합니다.

반면 CMYK는 인쇄물을 제작할 때 사용하는 색상 타입으로, 'Cyan', 'Magenta', 'Yellow', 'Black'을 의미합니다. 보통 '사이안', '마젠타', '옐로', '블랙'으로 읽습니다. 인쇄할 때 자주 사용하는 용어이므로 익혀두면 좋습니다.

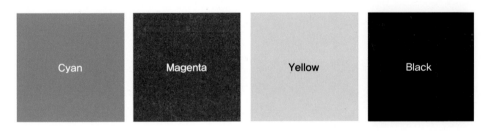

일러스트레이터는 기본적으로 이 CMYK 타입을 사용합니다. 우리가 만들고자 하는 굿즈도 모두 인쇄를 하여 최종 결과물이 나오는 것이기 때문에, 꼭 이 CMYK 타입으로 작업해야 합니다. 굿즈 인쇄 시 CMYK 색상 관련 주의사항은 'PART 4. 나만의 캐릭터로 굿즈 제작하기'에서 더 자세히 배워볼 것이므로 지금은 개념만 이해합니다.

03   아트보드와 레이어

아트보드는 우리가 그림을 그리는 도화지와 같다고 생각하면 됩니다. 그림을 그릴 때 도화지가 여러 장 필요한 경우가 있는 것처럼, 복잡한 작업을 하다 보면 아트보드가 여러 개 필요할 때가 있습니다. 따라서 필요한 만큼의 종이를 꺼낸다고 생각하며 자유롭게 아트보드를 설정하면 됩니다. 아트보드 툴과 패널을 활용하여 아트보드의 수량과 크기 및 위치 등을 설정하는 방법은 'CHAPTER 3. 기본 툴 익히기'에서 배워보겠습니다.

아트보드의 바깥에도 작업을 할 수는 있지만, 최종 인쇄를 할 때에는 아트보드 내부에 있는 작업물만 인쇄됩니다. 따라서 러프하게 작업을 할 때에는 어디에 작업을 해도 무관하지만, 최종 인쇄용 작업물을 정리할 때에는 원하는 사이즈의 아트보드를 만들고 그 안에 알맞게 정리해야 합니다.

아트보드가 도화지라면, 레이어는 도화지 위에 올리는 투명필름과 같은 개념입니다. 일러스트 레이터에서는 도화지 위에 바로 그림을 그리지 않고, 도화지 위에 투명 필름을 한 개씩 올려놓고 그 위에 그림을 그립니다. 따라서 레이어를 여러 개 만들어 레이어마다 따로 그림을 그리면, 그림별로 각각 이동, 편집, 잠금, 숨기기 등이 가능합니다. 이러한 아트보드와 레이어의 특성을 잘 활용하여 알맞게 나누어 작업하면 훨씬 더 효율적이고 편리해질 것입니다.

02 작업 환경과 기본 툴 살펴보기

기본 개념에 대해 알아봤으니 이제 일러스트레이터의 작업 환경과 기본 툴에 대해 살펴보고, 일러스트레이터에서 작업을 시작하기 위해 새 파일을 여는 방법과 작업한 파일을 저장하는 방법을 알아보겠습니다.

01   일러스트레이터의 작업 환경

다음의 이미지는 일러스트레이터를 실행했을 때 나타나는 기본 화면입니다. 이 책에서는 CS6 버전을 사용하므로 CC 버전을 사용하는 경우 약간의 차이가 있을 수 있지만 큰 차이는 없으며, 만약 크게 다른 경우 따로 짚고 넘어갈 예정이니 걱정하지 않아도 됩니다. 자, 그러면 각각의 영역이 어떤 역할을 하는지 간단히 알아보겠습니다.

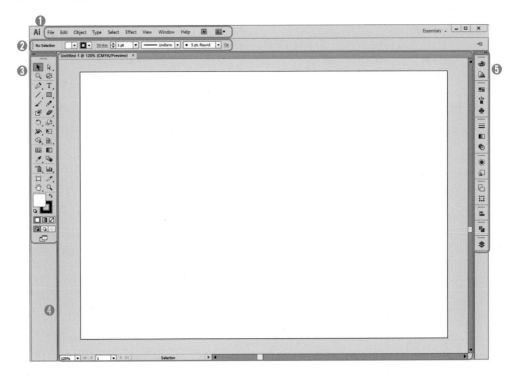

❶ 메뉴 바 : 가장 기본이 되는 기능들이 모여 있는 바입니다. 총 9개의 메뉴로 구성되어 있으며, 각 메뉴를 클릭하면 하위 기능들이 보입니다.
- File : 파일을 열고, 불러오고, 저장할 때 주로 쓰는 메뉴입니다.
- Edit : 복사 및 붙여넣기, 실행 취소 등의 기능을 주로 쓰는 메뉴입니다.
- Object : 오브젝트들을 묶고 해체하거나, 잠그는 등의 기능을 주로 쓰는 메뉴입니다.
- Type : 텍스트와 관련된 메뉴입니다.
- Select : 오브젝트를 선택할 때 쓰는 메뉴입니다.
- Effect : 효과를 넣을 때 쓰는 메뉴입니다.
- View : 작업 화면에서 무엇을 보이게 하고 무엇을 숨길지 설정할 수 있는 메뉴입니다.
- Window : 어떤 패널을 꺼내고 어떤 패널을 숨길지 설정할 수 있는 메뉴입니다.
- Help : 도움말이 필요할 때 쓰는 메뉴입니다.

❷ 컨트롤 바 : 선택한 오브젝트나 툴에 관련한 설정 항목이 나타나는 바입니다(CC 버전에서 컨트롤 바가 보이지 않는다면 [Window] – [Control] 을 클릭하여 꺼냅니다).

❸ 툴 패널 : 기본 툴이 모여 있는 패널입니다(CC 버전에서 모든 툴이 다 보이지 않는다면 [Window] – [Toolbars] – [Advanced]를 클릭합니다).

❹ 작업 영역 : 아트보드를 중심으로 실제로 작업을 하게 되는 영역입니다.

❺ 패널 : 각 기능의 상세 작업을 할 수 있는 메뉴입니다.

02　일러스트레이터의 기본 툴

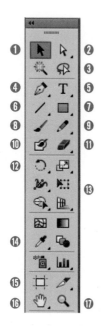

왼쪽의 이미지는 일러스트레이터의 화면 좌측에 위치한 툴 패널로, 기본적인 툴이 모여 있는 곳입니다. 툴을 하나하나 모두 다 보지는 않고, 굿즈를 제작할 때에 필요한 핵심 툴만 간단히 살펴본 뒤 이어지는 'CHAPTER 3. 기본 툴 익히기'에서 하나씩 따라하며 더 자세히 배워보도록 하겠습니다.

❶ Selection Tool : 오브젝트를 선택하는 툴입니다. 단축키는 Ⓥ입니다.
❷ Direct Selection Tool : 오브젝트에서 원하는 점이나 패스만 선택하는 툴입니다. 단축키는 Ⓐ입니다.
❸ Lasso Tool : 원하는 오브젝트들만 드래그하여 한꺼번에 선택하는 툴입니다. 단축키는 Ⓠ입니다.
❹ Pen Tool : 패스를 활용하여 오브젝트를 만드는 툴입니다. 단축키는 Ⓟ입니다.
❺ Type Tool : 텍스트를 입력하는 툴입니다. 단축키는 Ⓣ입니다.
❻ Line Segment Tool : 선을 그리는 툴입니다. 단축키는 Ⓘ입니다.

❼ Rectangle Tool : 도형을 그리는 툴입니다. 단축키는 Ⓜ입니다.

❽ Paintbrush Tool : 붓처럼 선으로 그림을 그리는 툴입니다. 단축키는 Ⓑ입니다.

❾ Pencil Tool : 연필처럼 선으로 그림을 그리는 툴입니다. 단축키는 Ⓝ입니다.

❿ Blob Brush Tool : 붓처럼 면으로 그림을 그리는 툴입니다. 단축키는 Shift+Ⓑ입니다 (CC 버전에서는 Paintbrush Tool 안에 포함되어 있습니다).

⓫ Eraser Tool : 지우개 툴입니다. 단축키는 Shift+Ⓔ입니다.

⓬ Rotate Tool : 오브젝트를 회전하는 툴입니다. 단축키는 Ⓡ입니다.

⓭ Free Transform Tool : 오브젝트를 자유롭게 변형하는 툴입니다. 단축키는 Ⓔ입니다.

⓮ Eyedropper Tool : 오브젝트의 속성을 그대로 다른 오브젝트에 적용시키는 툴입니다. 단축키는 Ⓘ입니다.

⓯ Artboard Tool : 아트보드를 편집하는 툴입니다. 단축키는 Shift+Ⓞ입니다.

⓰ Hand Tool : 화면을 이동하는 툴입니다. 단축키는 Ⓗ이지만, Space Bar를 누른 채로 드래그하는 방식이 더 많이 사용됩니다.

⓱ Zoom Tool : 화면을 확대 및 축소하는 툴입니다. 단축키는 Ⓩ입니다.

팁

일러스트레이터를 처음 접할 때에는 툴 패널이 직관적이기 때문에, 계속 툴 패널에서 툴을 클릭하여 작업하게 됩니다. 그러나 실무를 하다 보면 단축키에 적응하는 것이 필수적입니다. 작업 효율에 있어 차이가 매우 크기 때문입니다. 처음에는 헷갈려서 자꾸 피하게 되지만, 손에 익으면 무엇보다도 편한 것이 바로 단축키입니다. 따라서 처음에는 조금 더 느리고 어색하더라도 최대한 단축키를 활용하려고 노력하면서 꼭 손에 익히기 바랍니다. 또, 단축키는 대부분 영어 알파벳으로 되어 있으므로 키보드 입력을 영어로 해놓은 상태에서만 적용된다는 점을 꼭 기억하기 바랍니다.

---

03 새 파일 열기

일러스트레이터에서 새 파일을 함께 열어보겠습니다. 먼저 상단에 위치한 메뉴 바에서 [File] – [New] 메뉴를 클릭합니다(CC 버전의 경우, 시작화면이 따로 나타나면 [New]를 클릭합니다).

다음은 [File] – [New] 메뉴를 클릭하면 나타나는 New Document 창입니다.

❶ [Name]은 원하는 파일 이름을 입력하는 곳입니다. '일
　러스트레이터 파일 열기 연습'이라고 입력합니다. 기본
　으로 입력되어있는 'Untitled'로 두고 추후에 파일명을
　변경해도 무관합니다.

❷ [Number of Artboards]는 원하는 아트보드의 수를
　입력하는 곳입니다. 아직 아트보드에 대해 배우지 않았
　으므로 '1'을 입력합니다.

❸ [Size]는 원하는 기존 양식의 아트보드 사이즈를 선택
　하는 메뉴입니다. A4 사이즈로 선택합니다.

❹ [Width]와 [Height]은 각각 아트보드의 가로, 세로 사
　이즈를 입력하는 곳으로, [Size]에 없는 기존 양식 외

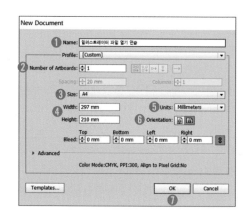

의 크기로 아트보드를 열고 싶을 때 이곳에 직접 입력하면 됩니다. 지금은 A4 사이즈로 그대로 두겠습니다.

❺ [Units]는 전체적인 작업 크기의 단위를 선택하는 메뉴입니다. 굿즈 제작 시에는 주로 [Millimeters]를 사용합
　니다. [Millimeters]를 선택합니다.

❻ [Orientation]은 아트보드를 세로로 길게 열 것인지 가로로 길게 열 것인지를 선택하는 메뉴입니다. 가로로
　길게 여는 방식을 선택합니다.

❼ [OK] 버튼을 클릭합니다.

가로로 긴 A4 사이즈의 아트보드가 한 개 있는 일러스트레이터의 새 파일이 열렸습니다.

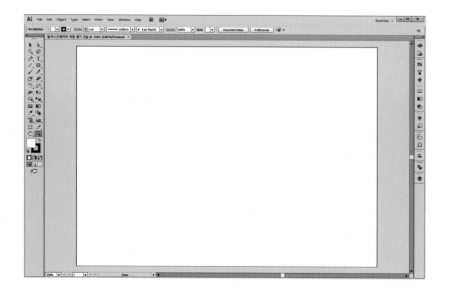

04 파일 저장하기

새 파일을 열었으니, 이제 파일을 저장하는 방법을 배워보겠습니다. 상단에 위치한 메뉴 바에서 [File] – [Save] 메뉴를 클릭합니다. 원하는 파일 저장 위치를 설정한 후, [저장]을 클릭합니다.

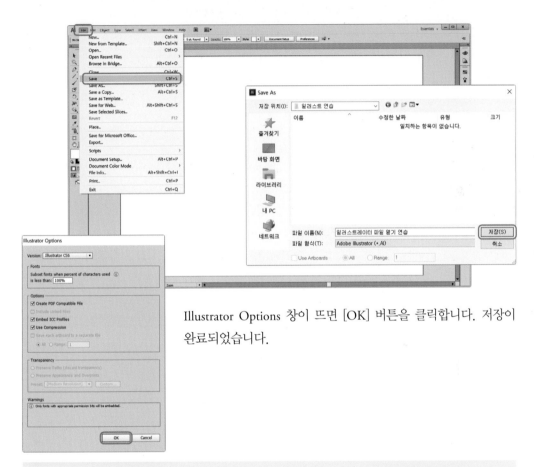

Illustrator Options 창이 뜨면 [OK] 버튼을 클릭합니다. 저장이 완료되었습니다.

팁

일러스트레이터 파일을 저장하는 방법에는 크게 두 종류가 있습니다. 'Save'와 'Save As'입니다. 'Save'는 일반적인 저장 기능으로, 단축키는 Ctrl+S 입니다. 작업을 하다 보면 갑자기 프로그램이 꺼지면서 파일이 날아가는 일이 간혹 발생하므로, 작업 중간에 아무 생각 없이 Ctrl+S 를 한 번씩 눌러줄 만큼 저장을 습관화하는 것이 좋습니다.

'Save As'는 다른 이름으로 저장하는 기능으로, 단축키는 Shift+Ctrl+S 입니다. 일러스트레이터에서는 오브젝트를 변형하는 경우가 종종 있습니다. 이 경우 변형된 오브젝트만 저장해두면 추후에 원본을 수정하고 싶을 때 복구가 어려우므로, 변형 전과 변형 후의 파일을 모두 저장해두는 것이 좋습니다. 이때 사용하면 효과적인 저장 기능이 바로 'Save As'입니다. 필자는 여러 가지 시안을 자유롭게 작업한 러프 파일과 최종 정리한 파일을 각각 보관하기 위해 이 기능을 자주 사용합니다.

03 기본 툴 익히기

이제 앞에서 살펴봤던 기본 툴들을 하나씩 실습하면서 익혀보겠습니다. 처음
에는 어색하고 어려울 것만 같아 보이지만 하나씩 따라해보면 금방 익숙해집
니다. 쉽게 이해할 수 있도록 예시를 만들었으니 가벼운 마음으로 함께 작업
을 시작해봅시다.

01 작업 환경 관련 툴

앞에서 살펴봤던 17가지의 툴 중 Hand Tool, Zoom Tool, Artboard Tool은 작업 환경과 관련된
툴입니다. 하나씩 간단히 따라하며 익혀보겠습니다.

Hand Tool

Hand Tool은 화면을 이동하는 툴로, 주로 〔Space Bar〕를 누른 채 클릭 앤 드래그
하여 사용합니다. 파일 열기와 저장하기 연습을 했던 화면에서 이어서 실습을
해보겠습니다. 처음 파일을 열었을 때에는 아래의 화면과 같은 상태입니다.

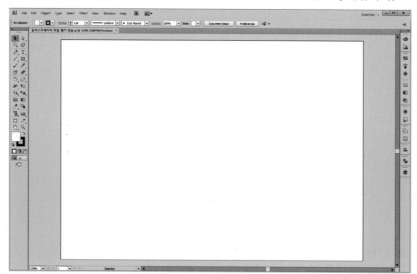

이때 〔Space Bar〕를 누르면 마우스 커서가 손 모양으로 바뀝니다. 〔Space Bar〕를 누른
채로 작업 영역 중 아무 곳이나 클릭하고 마우스를 좌측 상단으로 이동해봅니
다. 손이 종이를 꼭 쥔 모양으로 바뀌며 화면이 이동됩니다.

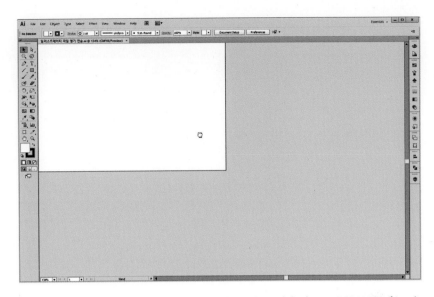

이 방법은 어떤 다른 기능을 쓰고 있더라도 바로 적용되고, Space Bar 를 떼는 순간 다시 쓰던 기능을 이어서 사용할 수 있습니다. 작업을 할 때에 굉장히 많이 사용하는 유용한 기능이므로, 손에 익도록 이리저리 움직이며 많이 연습해보기 바랍니다.

Zoom Tool

Zoom Tool은 화면을 확대 및 축소하는 툴로, 주로 단축키인 Z를 눌러 사용합니다. 이 툴은 클릭을 하는 방식과 드래그하는 방식의 두 가지 방법으로 사용할 수 있습니다.

먼저 Z를 한 번 누른 후 작업 영역 중 한 곳을 클릭해봅니다. Hand Tool처럼 키보드를 누른 채 클릭하는 것이 아니라 Z를 한 번 누른 뒤 마우스로 클릭만 하는 것입니다. 클릭한 점을 기준으로 클릭할 때마다 계속해서 화면이 확대되는 것을 확인할 수 있습니다. 축소는 Z를 한 번 누른 뒤, Alt를 누른 상태에서 클릭하면 됩니다. Alt를 누르고 있으면 돋보기 모양 안에 있는 +표시가 −표시로 바뀌고, 클릭할 때마다 계속해서 화면이 축소됩니다.

이번에는 드래그하는 방식을 사용해보겠습니다. 아주 작게 축소된 아트보드를 중심으로 아트보드의 좌측 상단을 클릭한 채 우측 하단까지 드래그하여 점선으로 된 사각형을 만든 다음 마우스를 뗍니다.

다음과 같이 드래그하여 선택한 부분만 작업 영역에 확대되어 나타납니다. 이 또한 굉장히 많이 사용하는 툴이므로 손에 잘 익혀두도록 합니다.

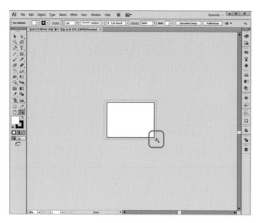

Artboard Tool

Artboard Tool은 아트보드의 추가 및 삭제, 이동, 크기 조정을 하는 툴입니다. 중요한 기능이지만 자주 쓰지는 않으므로, 꼭 단축키를 쓸 필요는 없습니다. 툴 패널에서 [Artboard Tool]을 클릭하고 작업 영역에서 아트보드를 클릭 앤 드래그해봅니다. 아트보드가 이동되는 것을 확인할 수 있습니다.

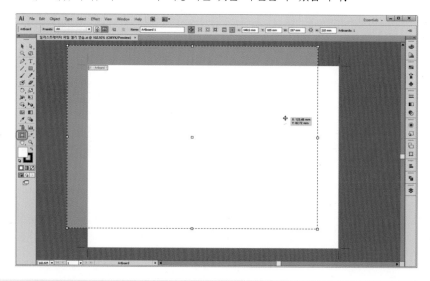

팁

작업을 하다 보면 사이즈를 조절하는 곳마다 쇠사슬이 풀려있는 모양의 아이콘 ⟨⟩ 이 있습니다. 그리고 이 아이콘을 클릭하면 쇠사슬이 묶인 모양의 아이콘 🔗 으로 변합니다. 이는 [Constrain Width and Height Proportions]라는 기능으로, 가로와 세로 크기의 비율을 묶어둘 수 있는 기능입니다. 즉, 해당 오브젝트의 비율은 그대로 유지하지만 크기만 변형하고 싶을 때 이 아이콘을 클릭한 후 가로나 세로 사이즈 중 한 가지만 입력하면 나머지가 저절로 입력됩니다. 아예 다른 비율로 오브젝트의 크기를 바꾸고 싶을 때는 다시 클릭하여 쇠사슬이 풀린 상태에서 원하는 가로와 세로 사이즈를 각각 입력하면 됩니다.

이번에는 아트보드 테두리에 있는 8개의 점 중 하나를 골라 클릭 앤 드래그해
봅니다. 아트보드 크기가 변하는 것을 확인할 수 있습니다.

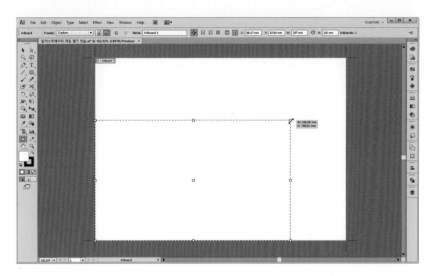

원하는 아트보드의 정확한 사이즈가 있다면, 작업 영역 상단에 있는 컨트롤 바
의 우측에 나타나는 [W], [H]에 가로, 세로 사이즈를 각각 입력해도 됩니다. 아
트보드 편집을 완료한 후, 기존 작업 상태로 돌아가고 싶다면 Esc 를 누릅니다.

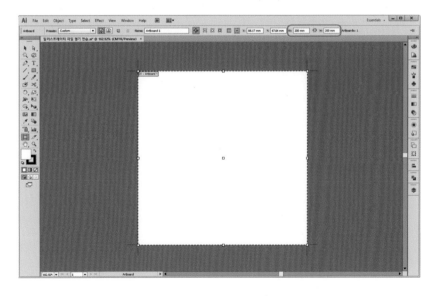

아트보드 설정 및 편집은 작업 영역 우측의 Artboards 패널 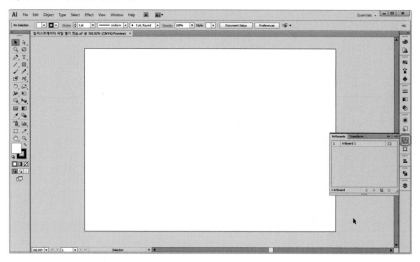에서도 가능합니다. 만약 이 패널이 보이지 않는다면 메뉴 바에서 [Window] - [Artboards]를 클릭하여 꺼내면 됩니다.

아트보드 패널을 클릭하여 활성화한 뒤, 패널의 우측 하단에 있는 [New Artboard] 버튼을 클릭하면, 클릭할 때마다 아트보드의 수가 늘어납니다.

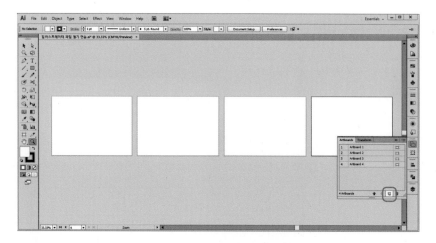

아트보드 패널에서 삭제하고자 하는 아트보드 이름을 클릭한 뒤, 패널의 우측 하단에 있는 [Delete Artboard] 를 클릭하면 해당 아트보드가 삭제됩니다. 툴 패널에서 [Artboard Tool]를 클릭한 뒤, 삭제하고자 하는 아트보드를 직접 클릭하고 Del 을 눌러도 해당 아트보드가 삭제됩니다.

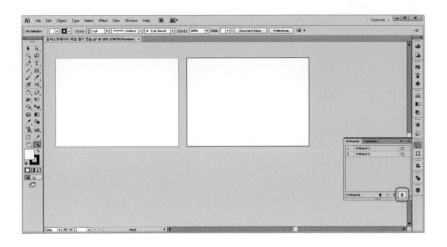

02　선택 관련 툴

앞에서 살펴봤던 17가지의 툴 중 Selection Tool, Direct Selection Tool, Lasso Tool은 오브젝트를 선택하는 것과 관련된 툴입니다. 하나씩 간단히 따라하며 익혀보겠습니다.

Selection Tool

❶ Selection Tool은 가장 기본적인 툴로, 작업을 하다 보면 수시로 단축키인 Ⓥ 를 누르며 작업을 하게 됩니다. Selection Tool은 오브젝트의 선택, 크기 조정, 이동, 복사 등에 사용합니다.

Selection Tool을 연습해보기 위해 먼저 ❷ Rectangle Tool을 클릭하고, 좌측 상 단에서 우측 하단으로 클릭 앤 드래그하여 사각형을 하나 그려보겠습니다.

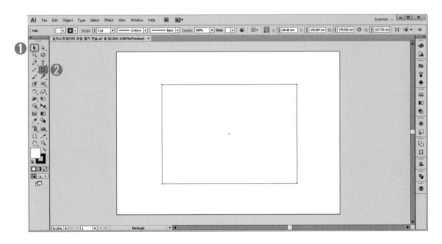

Ⓥ를 한 번 눌러 Selection Tool을 활성화한 후, 사각형을 클릭한 채로 드래그 앤 드롭하여 원하는 곳으로 이동해봅니다.

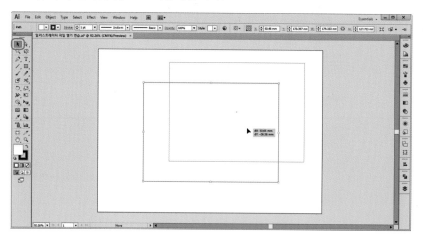

이번에는 사각형의 테두리에 보이는 8개의 점 중 하나를 클릭하여 드래그해봅니다. 오브젝트의 크기가 변하는 것을 볼 수 있습니다. 이때 Shift를 누르면 같은 비율로 크기를 조정할 수 있고, Alt를 누르면 오브젝트의 중심점을 기준으로 크기를 조정할 수 있습니다. 크기 조정을 연습해본 후, Del을 눌러 사각형을 삭제해보겠습니다.

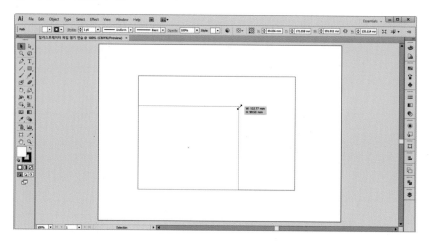

이번엔 작은 사각형을 여러 개 만들어보겠습니다. 다시 [Rectangle Tool]을 클릭한 후, 원하는 크기로 작은 사각형을 한 개 만듭니다. 그 후 별도의 작업 없이 바로 다음 사각형, 그다음 사각형을 같은 방식으로 그려나갑니다.

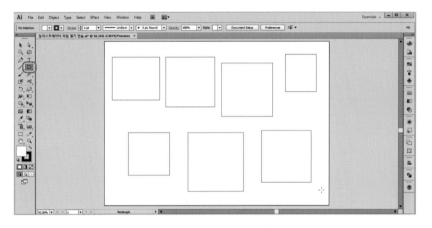

Ⓥ를 눌러 Selection Tool을 활성화하고, 위의 사각형 네 개만 겹치도록 선택합니다.

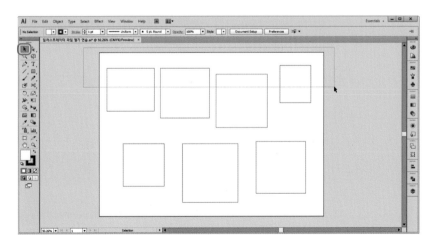

마우스를 떼면 위의 사각형 네 개만 선택됩니다. 이렇게 Selection Tool은 원하는 오브젝트를 한꺼번에 드래그하여 선택할 때도 사용합니다.

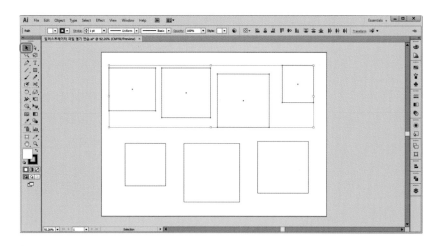

Ctrl을 누른 채로 작업 영역을 아무 곳이나 클릭하여 선택 해제합니다. 이번에는 사각형을 이것저것 선택해보겠습니다. V를 눌러 Selection Tool을 활성화한 후 원하는 사각형 하나를 클릭합니다. 그다음 Shift를 누른 채로 다른 사각형들을 클릭, 또 클릭하여 원하는 사각형들만 선택합니다. 이렇게 원하는 오브젝트들만 선택하고 싶을 때에도 사용할 수 있습니다. 만약 선택했던 사각형들 중에 다시 선택 해제하고 싶은 오브젝트가 있을 경우 Shift를 누른 채로 해당 사각형을 클릭하면 그 오브젝트만 선택이 해제됩니다.

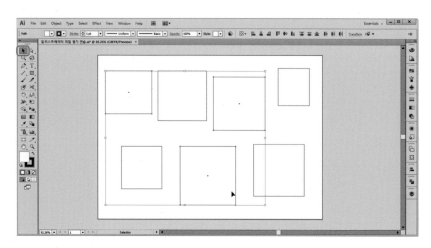

단, 이렇게 여러 오브젝트들을 클릭하며 선택할 때에 주의해야 할 점이 있습니다. 클릭하다 마우스가 약간 움직이면 오브젝트의 위치가 변할 수 있다는 점입니다. 디자인을 모두 마친 뒤, 선택을 하다 부주의로 인해 디자인이 변경될 수도 있습니다. 따라서 매우 조심히 클릭하거나, 드래그하여 선택하는 방식으로 각 오브젝트들을 하나씩 선택하며 이런 문제가 발생하지 않도록 주의해야 합니다.

Direct
Selection
Tool

❶ Selection Tool이 오브젝트 자체를 선택하는 것이라면, Direct Selection Tool 은 오브젝트 안에서 원하는 점이나 패스만 선택하는 툴이라고 할 수 있습니다. 일러스트레이터에서는 모든 점과 선이 별개로 움직이기 때문에 Direct Selection Tool 또한 매우 많이 사용하는 기본 툴입니다.

Selection Tool로 앞에서 그렸던 사각형들을 모두 선택한 후 Del 을 눌러 모두 삭제하고, 다시 ❷ Rectangle Tool로 사각형을 예시와 같은 크기로 그립니다.

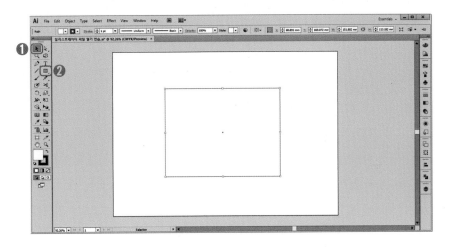

Ⓐ를 한 번 눌러 Direct Selection Tool을 활성화한 뒤, 우측 하단의 점을 하나 클릭해봅니다. 자세히 보면 사각형의 나머지 점 세 개는 하얗게 비어 있고 클릭한 점만 색이 파랗게 채워진 것을 볼 수 있습니다. 이것이 바로 점이 선택되었다는 의미입니다.

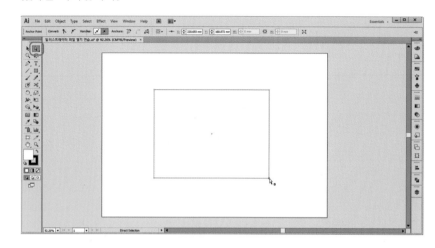

선택한 점을 클릭 앤 드래그하여 점을 이동해봅니다. 앞에서 Selection Tool을 활용했을 때와는 다르게, 점만 이동되어 도형의 모양이 변하는 것을 볼 수 있습니다.

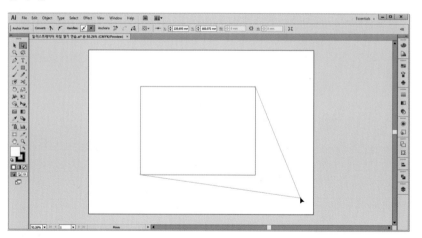

이번에는 Direct Selection Tool로 드래그하여 사각형 윗부분의 점 두 개를 함께 선택합니다.

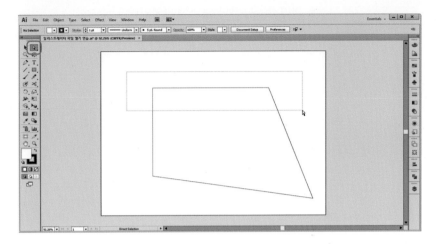

선택된 두 점 또는 선 중 하나를 잡고 드래그해봅니다. 선택한 두 점과 선이 모두 함께 움직이는 것을 볼 수 있습니다. Direct Selection Tool도 Selection Tool과 마찬가지로 Shift를 누른 채로 클릭, 또 클릭하면 원하는 부분들을 연속해서 선택하고 또 선택 해제할 수도 있으니 추가적으로 연습해보기 바랍니다.

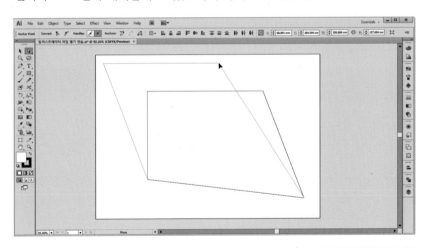

팁

툴 연습을 따라하다가 혹시 뭔가 잘못했다면 당황하지 말고 Ctrl+Z를 누릅니다. Ctrl+Z는 뒤로 가기의 단축키로, 일러스트레이터로 작업을 하다 보면 수없이 누르게 됩니다. Ctrl을 누른 채로 Z를 여러 번 누르면, 일정 단계까지 계속 뒤로 가기가 실행됩니다. 만약 다시 앞으로 가고 싶은 경우에는 Ctrl+Shift+Z를 누르면 됩니다.

Lasso Tool

❶ Lasso Tool은 오브젝트가 여러 개 있을 때 원하는 것들만 드래그하여 한꺼번에 선택할 수 있는 실용적인 툴입니다. ❷ Selection Tool로 선택하기 복잡한 경우 적절히 사용하면 매우 효과적입니다.

Selection Tool로 아트보드에 있는 오브젝트를 모두 선택하여 지우고, 이번에는 ❸ Rectangle Tool로 작은 사각형을 매우 많이 그려보겠습니다.

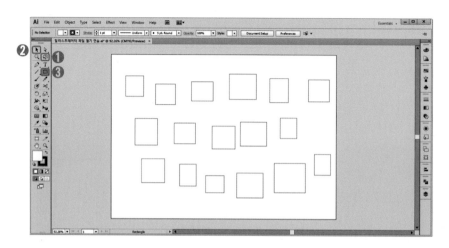

Q를 눌러 Lasso Tool을 활성화한 뒤, 원하는 사각형들만 선택되도록 꾸불꾸불하게 드래그합니다.

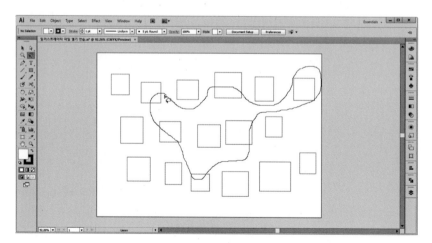

Lasso Tool로 그린 영역 안에 겹친 오브젝트들만 선택된 것을 볼 수 있습니다.

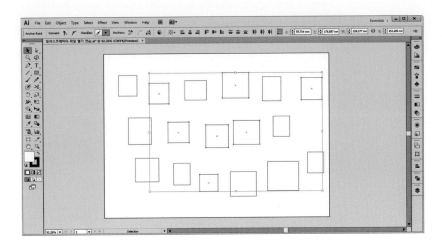

03 그리기 관련 툴

앞에서 살펴봤던 17가지의 툴 중 Rectangle Tool, Line Segment Tool, Pen Tool, Paintbrush Tool, Pencil Tool, Blob Brush Tool, Type Tool 7가지는 오브젝트를 그리거나 삽입하는 것과 관련된 툴입니다. 이번에도 하나씩 간단히 따라하며 익혀보겠습니다.

Rectangle Tool

일러스트레이터에서는 이미지들이 기본적으로 선과 면으로 나누어져 있습니다. 매우 간단하고 어렵지 않은 개념이며, 선과 면의 개념을 잘 이해하면 모든 작업이 훨씬 더 쉬워집니다. Rectangle Tool을 배우면서 이 개념에 대해서도 함께 이해해보겠습니다. Rectangle Tool에는 사각형 외에도 다양한 도형을 그릴 수 있는 툴이 숨겨져 있습니다.

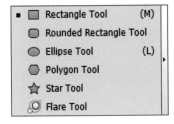

[Rectangle Tool]을 길게 클릭하면, 다양한 도형을 그릴 수 있는 툴이 나타납니다. 위에서부터 순서대로 사각형, 모서리가 둥근 사각형, 원, 다각형, 별, 플레어 툴이 있습니다. 자주 사용하지 않는 플레어 툴을 제외하고, 나머지 다섯 가지 도형을 그려보겠습니다.

각 툴을 선택한 뒤, 아트보드 위에 원하는 크기로 드래그하면 각각의 도형을 그릴 수 있습니다. 이때 Shift를 누른 채로 드래그하면 정다각형을 그릴 수 있고, Alt를 누른 채로 드래그하면 도형의 중심점을 기준으로 그릴 수 있습니다. 만약 다각형을 8각형으로 그리고 싶거나, 둥근 사각형 모서리의 둥근 정도를 바꾸고 싶거나, 정확한 크기의 도형을 그리고 싶을 때에는 어떻게 해야 할까요? 둥근 사각형을 예시로 한번 살펴보겠습니다.

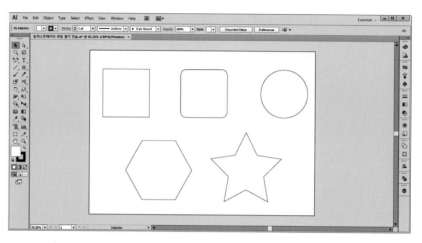

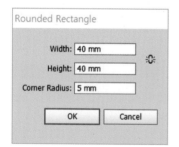

[Rounded Rectangle Tool]을 클릭하고, 작업 영역을 아무 데나 한 번 클릭하면 Rounded Rectangle 설정 창이 뜹니다. 여기에 원하는 치수를 각각 입력하면 입력한 크기의 도형이 그려집니다. 다각형의 경우도 같은 방식으로 설정 창에서 꼭짓점의 개수를 입력할 수 있고, 별의 경우 바깥지름과 안지름까지 치수를 입력할 수 있어 정확히 원하는 모양을 그려낼 수 있습니다. 설정 창을 활용하여 다양한 도형들을 그려보기 바랍니다.

다양하게 그려놓은 도형들을 활용하여 색을 변경해보면서 일러스트레이터의 선과 면의 개념에 대해 배워보겠습니다. Ⓥ를 눌러 Selection Tool을 활성화한 뒤 오브젝트 하나를 선택하고, 툴 패널 하단에 있는 [Fill]을 더블클릭합니다.

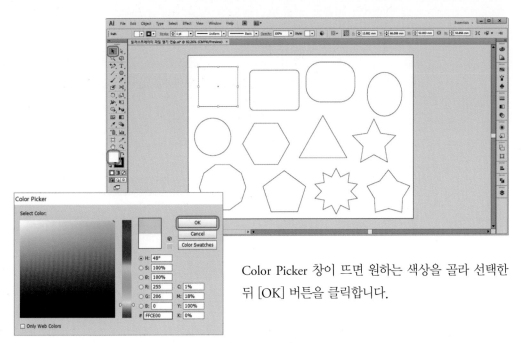

Color Picker 창이 뜨면 원하는 색상을 골라 선택한 뒤 [OK] 버튼을 클릭합니다.

오브젝트의 면 색이 변경되었습니다. 같은 방식으로 모든 도형들의 색을 변경합니다.

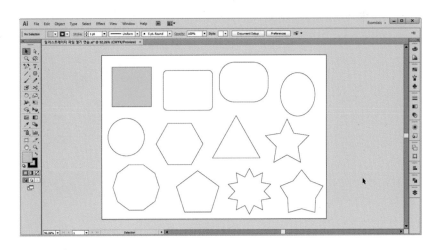

한 도형의 면을 없애보도록 하겠습니다. 오브젝트를 하나 선택한 뒤, 툴 패널 하단에 있는 [None]을 클릭합니다. 오브젝트는 존재하지만, 면은 사라졌습니다. 오브젝트 내부를 클릭해보면 선택이 되지 않는 것을 확인할 수 있습니다. 즉, 흰색으로 칠해진 것이 아니라 면은 없이 선만 존재하는 오브젝트가 된 것입니다.

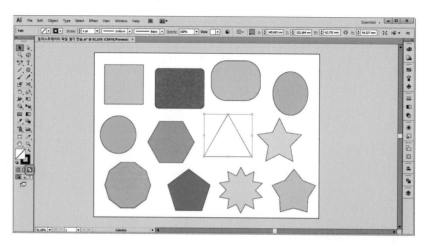

선을 바꿔보겠습니다. 오브젝트를 하나 선택하고, 툴 패널 하단에 있는 [Stroke]를 더블클릭합니다. [Stroke]가 [Fill] 위로 올라와 [Stroke]를 편집 중인 상태임을 확인할 수 있습니다. [Fill]에서 했던 것과 마찬가지로 Color Picker 창에서 원하는 색을 선택한 뒤 [OK] 버튼을 클릭합니다. 그다음, 컨트롤 바에서 선의 굵기도 바꿔보겠습니다. 같은 방식으로 모든 도형들의 선 색상과 굵기를 변경합니다.

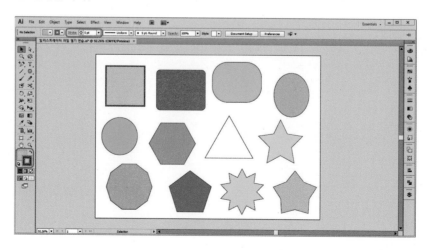

[Fill]에서 했던 것과 마찬가지로 [Stroke]가 활성화된 상태에서 [None]을 클릭하면 오브젝트의 선이 사라집니다. 그렇지만 역시 주의해야 할 점은 오브젝트 자체가 없어진 것이 아니라는 점입니다. 앞의 이미지에서 볼 수 있듯이 색이 없는 투명한 오브젝트가 된 것뿐입니다.

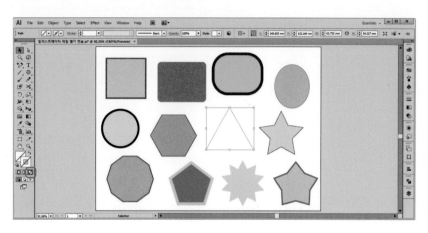

Line Segment Tool

Line Segment Tool은 선을 그리는 툴입니다. [Line Segment Tool]을 클릭하여 활성화한 뒤 아트보드에 원하는 만큼 드래그 앤 드롭하며 선을 여러 개 그려보겠습니다.

Rectangle Tool에서 연습했던 것과 같은 방법으로 Stroke의 색상과 선 굵기를 다양하게 변경하며 연습합니다.

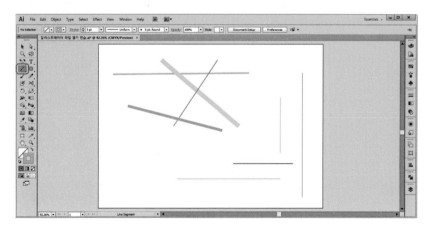

선의 세부 설정 및 편집은 작업 영역 우측의 Stroke 패널 ☰에서도 가능합니다. [Weight]는 선의 굵기를, [Cap]은 선 끝의 모양을, [Corner]는 선이 꺾인 코너의 모양을 설정할 수 있는 메뉴입니다. [Dashed Line]에 체크하면 선을 점선으로 만들 수도 있고, [dash]는 점선 한 칸의 길이를, [gap]은 점선 한 칸과 한 칸 사이의 간격을 의미합니다. [Arrowheads]는 선 끝을 화살표로 만들 수 있는 메뉴입니다.

Pen Tool

일러스트레이터에서 그림을 그린 형태를 패스(Path)라고 부릅니다. 즉, 오브젝트의 선은 패스에 옷을 입힌 것이나 마찬가지이고, 패스가 오브젝트의 근본이 되는 것입니다. Pen Tool은 패스를 활용하여 오브젝트를 만드는 툴입니다.

Ⓟ를 눌러 Pen Tool을 활성화한 후, 원하는 모양대로 연속으로 클릭하여 그림을 그리고 마지막에는 처음 클릭했던 점으로 돌아와, 커서 우측 하단에 동그라미가 뜰 때 클릭하여 도형을 만듭니다. 이렇게 마지막에 클릭하면 선이 닫혀 도형이 됩니다. 완성된 도형은 면과 선을 변형하여 활용할 수 있습니다.

만약 닫히지 않은 선을 추후에 닫고 싶다면 선과 선이 만나는 점을 정확하게 겹쳐놓은 뒤, 마우스 오른쪽 버튼을 클릭하여 [Join]을 선택하면 하나의 선으로 합쳐지며 닫힌 도형이 됩니다.

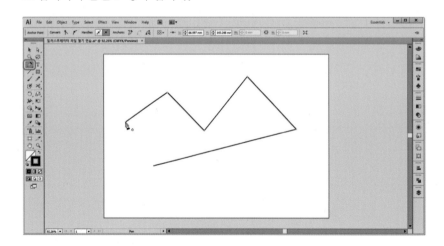

클릭한 상태에서 드래그 앤 드롭, 클릭 후 드래그 앤 드롭을 반복하여 도형을 만들어봅니다. 이렇게 그리면 곡선으로 이뤄진 오브젝트가 만들어집니다. 각 점의 양옆에 나와 있는 [Handle]의 동그란 점을 Direct Selection Tool로 움직이면 곡률이 변합니다. 이렇게 곡선의 패스를 다루는 것은 처음에는 어렵게 느껴지지만, 패스 그리기를 계속 연습하면 익숙해집니다.

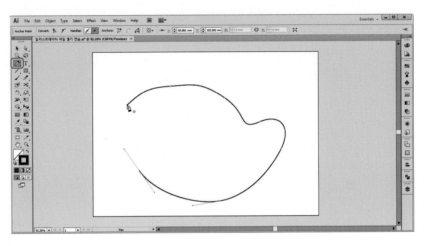

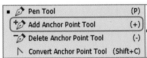

[Pen Tool]을 길게 눌러서 먼저 두 번째에 있는 [Add Anchor Point Tool]을 선택합니다.

Add Anchor Point Tool이 활성화된 상태에서 조금 전에 그린 패스 위에 점이 없는 곳을 찾아 클릭합니다. 클릭을 할 때마다 패스 위에 새로운 점이 생깁니다.

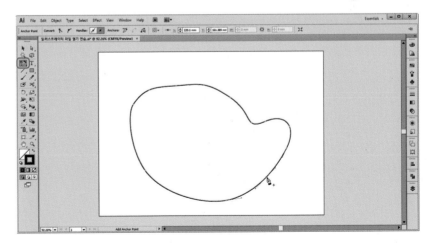

Ⓐ를 눌러 Direct Selection Tool을 활성화한 뒤, 방금 만든 점을 옮겨 오브젝트의 모양을 바꿔봅니다. 반대로, Add Anchor Point Tool 아래에 있는 Delete Anchor Point Tool은 패스의 점을 삭제하는 툴입니다. Delete Anchor Point Tool을 활성화한 뒤 패스 위의 점을 클릭하면 점이 삭제됩니다. 이렇게 Add Anchor Point Tool과 Delete Anchor Point Tool은 패스를 편집할 때 용이하게 쓰입니다. 다양한 패스를 그리고, 수정하며 연습해보기 바랍니다.

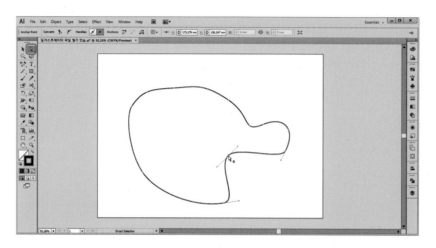

Paintbrush Tool

Paintbrush Tool은 붓으로 그림을 그리는 것처럼 드로잉하는 툴입니다. 다양한 브러시 중 알맞은 브러시를 선택해 원하는 느낌으로 드로잉을 할 수 있습니다. Ⓑ를 눌러 Paintbrush Tool을 활성화한 뒤 클릭한 상태로 원하는 모양을 그려봅니다. Paintbrush Tool로 그린 패스는 앞에서 배웠던 것과 같은 방법으로 점을 추가 및 삭제하고, Direct Selection Tool로 모양을 조절할 수도 있습니다.
Pen Tool에서처럼 마지막에 선을 닫아 도형으로 만들고 싶을 경우, 처음 그리기 시작했던 점에 가까워질 때 Ⓐlt를 눌러 브러시 모양 커서 우측 하단에 동그라미가 뜨면 마우스를 놓습니다. 이렇게 그린 오브젝트는 앞에서 배운 방법과 동일하게 선의 굵기나 색상, 면의 색상 등을 변형할 수 있습니다.

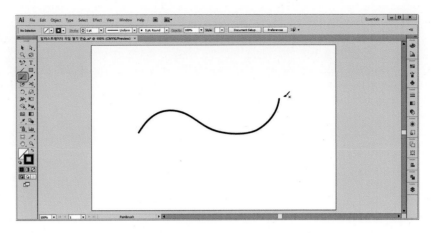

Paintbrush Tool에서는 다양한 브러시 모양을 선택할 수 있는데, 어떤 브러시를 선택하느냐에 따라 다양한 느낌이 납니다. 방금 그린 오브젝트를 선택한 뒤, 컨트롤 바에서 브러시 모양을 선택하는 [Brush Definition] 메뉴를 클릭합니다. 그리고 [Brush Libraries Menu]를 클릭하면 화면과 같이 다양한 브러시의 카테고리가 보입니다. 여기에서 원하는 카테고리로 들어가 브러시를 선택하면 오브젝트의 선이 그 브러시의 모양으로 바뀝니다. 처음부터 브러시 모양을 먼저 선택한 뒤 그림을 그려도 됩니다.

태블릿으로 드로잉을 하는 경우, 필압이 반영되는 브러시가 필요할 때가 있습니다. 이때는 자신의 그림 스타일에 맞는 브러시를 만드는 것이 좋습니다. 컨트롤 바에서 [Brush Definition] 메뉴를 클릭한 뒤, 우측 하단에 있는 [New Brush] 를 클릭합니다. New Brush 창에서 [Calligraphic Brush]를 선택한 뒤 [OK] 버튼을 클릭합니다.

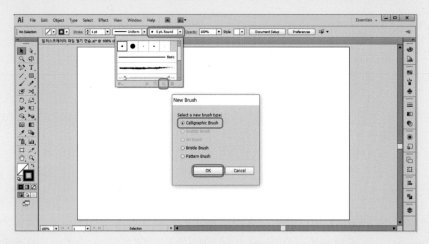

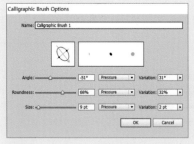

Calligraphic Brush Options 창이 뜹니다. [Name]에 원하는 브러시 이름을 입력합니다. [Angle]은 브러시의 각도를, [Roundness]는 브러시의 둥글기 정도를, [Size]는 브러시의 크기를 조절하는 메뉴입니다. 각 메뉴를 [Pressure]로 바꾸면 해당 속성이 필압에 따라 변합니다. [Variation]은 압력에 따라 얼마만큼 변화를 줄 것인지에 대한 범위를 정하는 메뉴입니다. 다양한 속성을 설정하여 나에게 맞는 브러시를 만들어 사용합니다.

Pencil Tool

Pencil Tool은 연필로 그림을 그리는 것처럼 드로잉하는 툴입니다. Paintbrush Tool과 거의 동일하지만, 조금 더 자연스럽게 찌글거리는 느낌이 더해진 툴이라고 볼 수 있습니다. 느낌만 상이하고 거의 동일한 툴이기 때문에 따로 다루지는 않겠습니다. Ⓝ을 눌러 Pencil Tool을 활성화한 뒤, Paintbrush Tool과 동일한 방법으로 그림을 그려보고, 색상과 선의 굵기 등을 바꿔보며 Paintbrush Tool과의 공통점과 차이점을 느껴보기 바랍니다.

Blob Brush Tool은 Paintbrush Tool과 거의 동일하지만 한 가지 다른 점이 있습니다. Paintbrush Tool이 그린 대로 선이 되는 툴이라면, Blob Brush Tool은 그린 대로 면이 되는 툴이라는 점입니다. 직접 연습하며 차이점을 느껴보겠습니다. Shift + B를 눌러 Blob Brush Tool을 활성화하면, 브러시 모양의 커서 끝에 작은 동그라미로 브러시의 모양과 크기가 보입니다. 컨트롤 바의 [Brush Definition] 메뉴에서 가장 큰 [15 pt. Round] 브러시를 선택합니다. 해당 브러시가 없는 경우, 기존 브러시들 중 가장 큰 브러시를 고릅니다. 그다음]을 누르면, 누를 때마다 브러시가 커지는 것을 볼 수 있습니다. [를 누르면 브러시 크기가 다시 작아집니다.]을 여러 번 눌러 브러시 크기를 크게 키워 선을 하나 그려봅니다.

V를 눌러 Selection Tool을 활성화시키고, 방금 그린 선을 선택합니다. 툴 패널 하단에 Fill이 활성화되어 있는 것을 볼 수 있습니다. 드로잉 자체가 선이 아니라 면이라는 의미입니다.

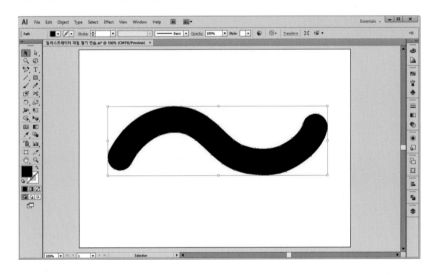

[Fill]의 색상과 [Stroke]의 색상 및 굵기를 바꿔보면 해당 오브젝트가 면이라는 것을 더 명확하게 이해할 수 있습니다.

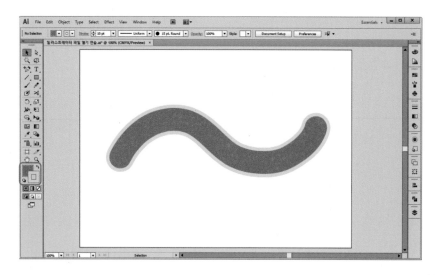

즉, 같은 모양을 그렸을 때 Blob Brush Tool로 그린 오브젝트의 패스는 위와 같이, Paintbrush Tool로 그린 오브젝트의 패스는 아래와 같이 되는 것입니다. 이 두 가지 툴의 차이를 잘 이해하고 적절히 활용하면 효율적으로 작업할 수 있습니다.

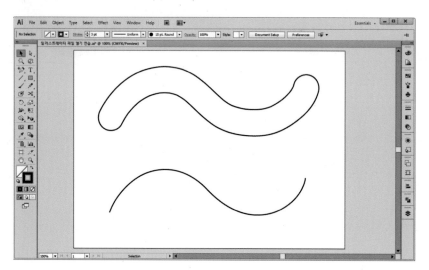

Type Tool은 텍스트를 삽입하고, 편집할 수 있는 툴입니다. ⓣ를 눌러 Type Tool을 활성화시키고 아트보드 위에 한번 클릭한 후, 바로 원하는 텍스트를 입력합니다. 이때, 텍스트 입력을 마친 뒤 다른 툴을 활성화하기 위해 바로 단축키를 누르면 텍스트에 단축키가 그대로 써집니다. 따라서 텍스트 입력을 마친 뒤에는 Ctrl + 클릭을 하거나 Esc를 눌러 텍스트 입력에서 벗어난 뒤, 그다음 작업을 이어가도록 합니다.

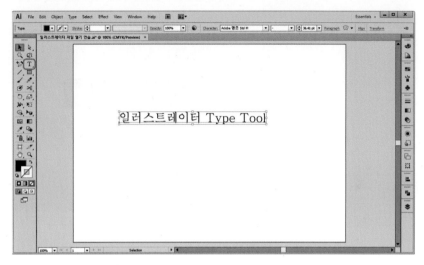

Type Tool로 삽입한 텍스트는 다른 오브젝트들과 동일한 방법으로 크기 조정, 이동, 색상 변경 등을 할 수 있습니다. 그리고 텍스트를 선택한 상태에서 컨트롤 바에 나타나는 [Character] 메뉴로 글씨체, 글자의 굵기 및 크기도 조절할 수 있고, [Paragraph] 메뉴로 글자 정렬도 설정할 수 있습니다. 원하는 속성으로 변경해보겠습니다.

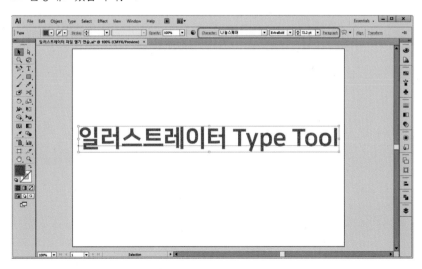

텍스트를 Selection Tool로 더블클릭하면 텍스트를 수정할 수 있습니다. 텍스트를 더블클릭하여 수정 입력한 뒤, 텍스트의 일부를 드래그하고 툴 패널 하단에서 [Fill]을 더블클릭하여 색상을 변경해보겠습니다.

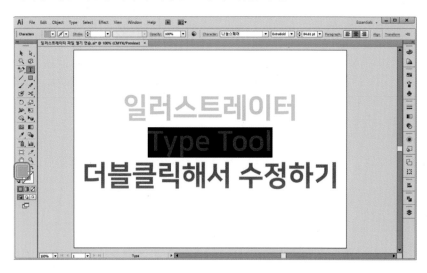

만약 글상자를 만들어 그 안에만 텍스트를 넣고 싶다면, Ⓣ를 눌러 Type Tool을 활성화한 뒤 아트보드에 원하는 크기의 사각형을 그립니다.

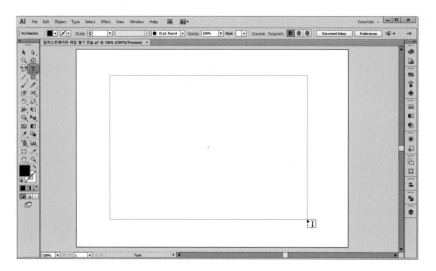

글상자를 그린 뒤 바로 원하는 텍스트를 입력하면 글상자 안에만 텍스트가 나타납니다. 단, 텍스트가 포함된 일러스트레이터 파일을 열 때, 내 컴퓨터에 설치되지 않은 글씨체가 포함되어 있다면 경고창이 뜨며 텍스트가 모두 기본체로 변경되니 참고하기 바랍니다.

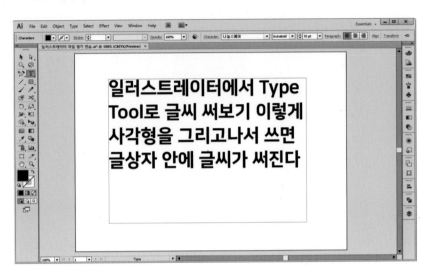

04 편집 관련 툴

앞에서 살펴봤던 17가지의 툴 중 남은 4가지 Eraser Tool, Rotate Tool, Free Transform Tool, Eyedropper Tool은 오브젝트를 편집하는 것과 관련된 툴입니다. 마찬가지로 하나씩 간단히 따라하며 기능을 익혀보겠습니다.

Eraser Tool

Eraser Tool은 오브젝트를 지우는 툴로, Blob Brush Tool과 모두 동일하지만 Blob Brush Tool은 그리고, Eraser Tool은 지운다는 점만 다르다고 이해하면 쉽습니다.

Eraser Tool을 실습해보기 위해 먼저 Rectangle Tool, Ellipse Tool, Star Tool 등을 활용하여 다양한 도형을 그립니다.

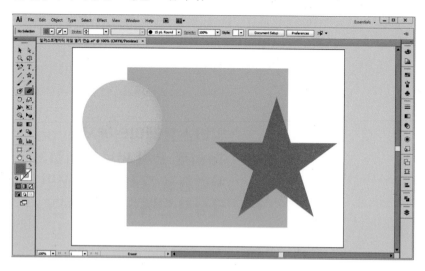

Shift+E를 눌러 Eraser Tool을 활성화시키고 도형들을 가로질러 선을 쭉 그어봅니다. Eraser Tool을 따라 오브젝트들이 지워진 것을 확인할 수 있습니다.

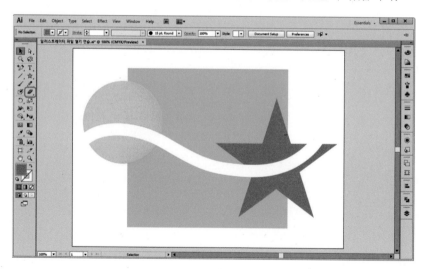

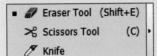

[Eraser Tool]을 길게 눌러보면 [Scissors Tool]과 [Knife]가 나타납니다. Eraser Tool이 오브젝트의 일부를 삭제한다면, 이 두 가지 툴은 정말 가위와 칼처럼 오브젝트를 나누며 자를 때 사용할 수 있습니다.

도형을 하나 그리고 Scissors Tool을 활성화한 뒤, 도형의 패스 위를 아무 곳이나 한 번 클릭하고, 패스 위의 다른 곳을 한 번 더 클릭한 뒤, Selection Tool로 오브젝트를 이동해보면 오브젝트가 잘린 것을 확인할 수 있습니다. Scissors Tool로 자른 오브젝트는 절단면 부분의 패스가 닫히지 않고 열린 채로 잘립니다. 오브젝트를 선택하고 마우스 오른쪽 버튼을 클릭하여 [Join]을 선택하면 패스를 닫을 수 있습니다.

Knife는 오브젝트 위에 드로잉하는 대로 오브젝트를 자를 수 있도록 도와주는 툴입니다. 자유로운 모양으로 자를 수 있으며, Alt를 누른 채로 사용하면 직선으로도 자를 수 있습니다. Knife로 자른 오브젝트는 패스가 닫힌 채 잘립니다.

Rotate Tool

Rotate Tool은 오브젝트를 회전하는 툴입니다. 회전의 기준점이나 각도를 정확히 입력하고자 할 때에 이 툴을 활용합니다. 회전이 되는 것을 눈으로 쉽게 확인하기 위해 Ellipse Tool을 활성화하고 Shift를 누르지 않은 채로 그려서, 가로로 긴 타원을 하나 만들어봅니다.

타원을 선택한 뒤 R을 눌러 Rotate Tool을 활성화하면 커서가 십자 모양으로 바뀝니다. 회전의 기준점을 선택하라는 뜻입니다. 이때 Alt를 누르면 십자 모양의 우측 하단에 세 개의 작은 점이 생깁니다. 이 상태에서 클릭하는 곳이 회전의 기준점이 됩니다. 타원의 가운데를 중심으로 회전시키기 위해 Alt를 누른 채로 타원의 중심을 클릭합니다.

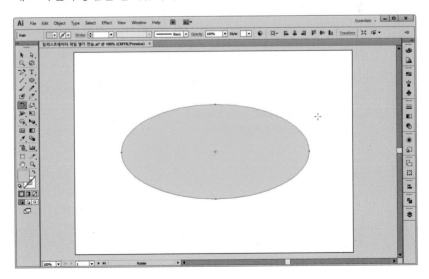

Rotate 설정 창이 뜨면 [Angle]에 원하는 각도를 입력합니다. 회전된 오브젝트의 상태를 미리 보고 싶다면 [Preview]에 체크합니다.

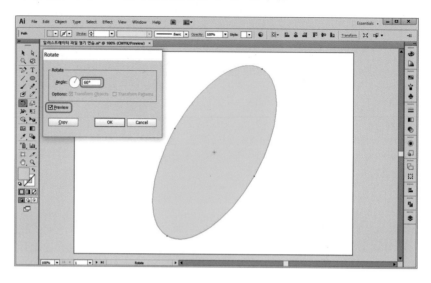

[OK] 버튼을 클릭하면 입력한 값대로 오브젝트가 회전되고, [Copy]를 클릭하면 기존 오브젝트는 그대로 유지되면서 회전된 오브젝트가 하나 더 복사됩니다.

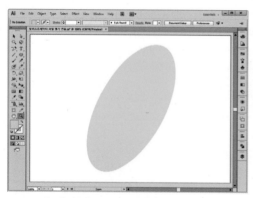

[OK] 버튼을 클릭해 오브젝트를 회전한 화면

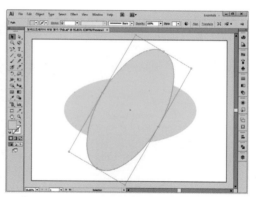

[Copy]를 클릭해 오브젝트를 회전하며 동시에 복사한 화면

오브젝트의 회전 기준점이나 각도를 섬세하게 조정할 필요가 없을 때에는, 굳이 Rotate Tool을 활용하지 않는 것이 더 편리할 수도 있습니다. 이런 경우에는 Selection Tool로 회전할 오브젝트들을 선택하고, 커서를 선택 영역의 꼭짓점 가까이 가져가봅니다. Selection Tool의 화살표 커서가 회전 모양의 커서로 바뀌면 이때 클릭 앤 드래그하여 오브젝트를 회전하면 됩니다. 이때, Shift를 누른 채로 회전하면 45도 간격으로 맞추어 회전시킬 수 있습니다.

이번에는 [Rotate Tool]을 길게 클릭하면 나오는 [Reflect Tool]을 실습해보겠습니다. Reflect Tool은 오브젝트를 반전시키는 툴입니다. 반전되는 것이 잘 보이도록 Rectangle Tool과 Direct Selection Tool을 활용하여 비대칭적인 오브젝트를 만들고, 오브젝트를 아트보드 오른쪽에 몰아서 위치시킵니다.

회전했을 때와 마찬가지로 오브젝트를 선택하고 ⓞ를 눌러 Reflect Tool을 활성화한 뒤, Alt를 누른 채로 반전의 기준점을 클릭합니다. 이번에는 아트보드 안에서 양쪽으로 대칭될 수 있도록 화면의 중앙을 클릭합니다.

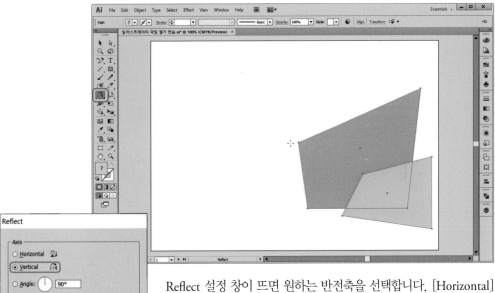

Reflect 설정 창이 뜨면 원하는 반전축을 선택합니다. [Horizontal]은 상하 반전을, [Vertical]은 좌우 반전을 의미합니다. [Preview], [Copy]는 Rotate Tool과 동일합니다. [Vertical]을 선택하고 [Copy]를 클릭합니다.

기준점을 기준으로 오브젝트들이 좌우대칭을 이룬 것을 확인할 수 있습니다.

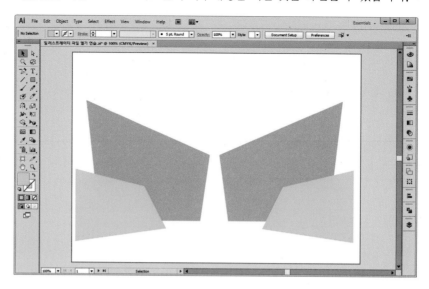

Free
Transform
Tool

Free Transform Tool은 오브젝트를 자유롭게 변형시킬 수 있는 툴입니다. 사각형을 정사다리꼴로 변형해보면서 Free Transform Tool에 대해 익혀보겠습니다. Rectangle Tool로 사각형을 하나 그리고, Direct Selection Tool로 드래그하여 사각형 윗부분의 두 점만 선택합니다.

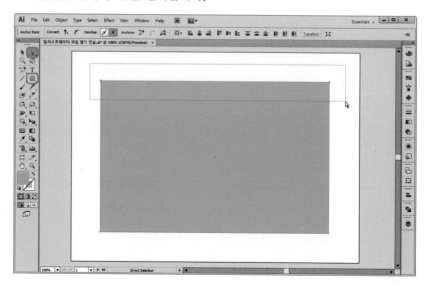

윗부분의 두 점만 선택된 상태에서 ⓔ를 눌러 Free Transform Tool을 활성화시키고, 커서를 한 쪽 점으로 가져가면 사이즈를 조절하는 모양으로 커서가 바뀝니다. 가운데를 중심으로 오브젝트를 변형하기 위해 ⒶⓉ를 누른 채로 크기를 줄입니다.

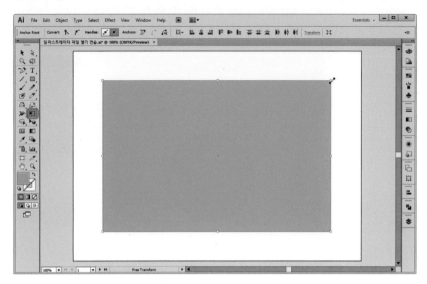

사각형이 선택한 점들을 토대로 자유롭게 변형되어 정사다리꼴이 되었습니다.

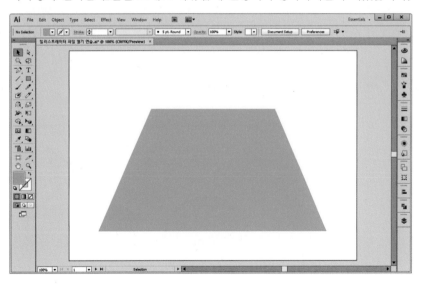

Eyedropper Tool은 오브젝트의 속성을 그대로 옮겨 가져갈 수 있도록 해주는 툴로, 작업 중에 굉장히 많이 쓰입니다. 앞에서 배운 툴들을 활용하여 Eyedropper Tool을 실습할 환경을 만들어줍니다. 원과 별을 그려 각각 [Fill]과 [Stroke]를 다르게 설정하고, Type Tool을 활용하여 텍스트의 크기가 서로 다르고, 하나는 [Fill]만, 다른 하나는 [Stroke]만 있도록 설정합니다.

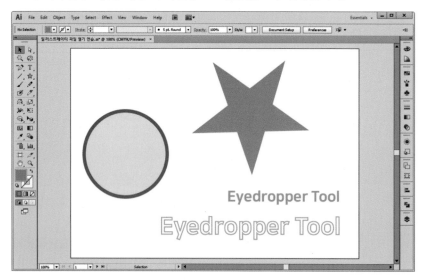

별을 선택한 뒤, ①를 눌러 Eyedropper Tool을 활성화하고, 스포이트 모양이 된 커서로 원을 클릭합니다. 별의 선과 면이 원과 동일한 색상으로 바뀌고, 선의 굵기까지 똑같아진 것을 확인할 수 있습니다. Ctrl+Z를 눌러 다시 별의 속성이 바뀌기 전으로 돌아갑니다.

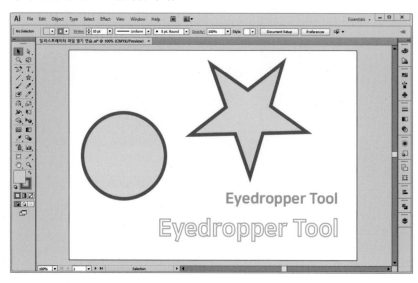

큰 텍스트를 선택하고 Ⓘ를 눌러 Eyedropper Tool을 활성화한 뒤, 별을 클릭해 보겠습니다. 텍스트의 선과 면이 모두 별과 동일한 속성이 된 것을 볼 수 있습니다. 이렇게 Eyedropper Tool은 텍스트에도 동일하게 적용됩니다.

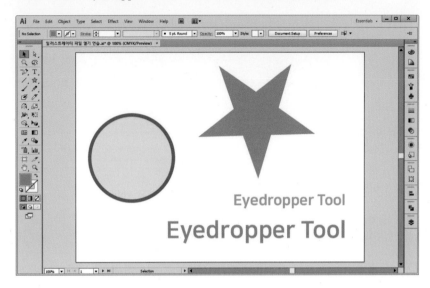

마지막으로 큰 텍스트를 다시 선택하고 Ⓘ를 눌러 Eyedropper Tool이 활성화되면, 작은 텍스트를 클릭합니다. 텍스트의 선과 면 색상뿐만 아니라 텍스트의 크기까지 동일하게 변화한 것을 볼 수 있습니다.

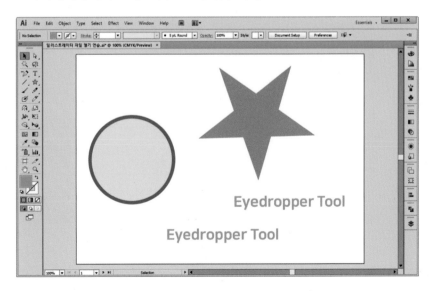

04 실용적인 알짜배기 기능 익히기

일러스트레이터의 기본 툴 중 포인트가 되는 툴을 모두 익혔습니다. 이제 기본 툴 외에도 굿즈를 제작할 때 가장 많이 쓰이는 심화 기능들을 뽑아 배워보겠습니다. 매우 쉽고 재미있으니 가벼운 마음으로 하나씩 따라해보기 바랍니다.

01 레이어

앞에서 간단히 개념을 익혀봤던 레이어에 대해 자세히 살펴보겠습니다. 작업 영역의 우측에 있는 [Layers]◈를 클릭하면 다음과 같이 생긴 패널이 열립니다. 만약 이 패널이 보이지 않는다면, 메뉴 바에서 [Window] − [Layers]를 클릭하여 꺼냅니다.

앞에서 배웠듯이, Layers 패널에 나타나는 레이어 하나가 투명 필름 한 장과 같은 역할을 하는 것입니다.

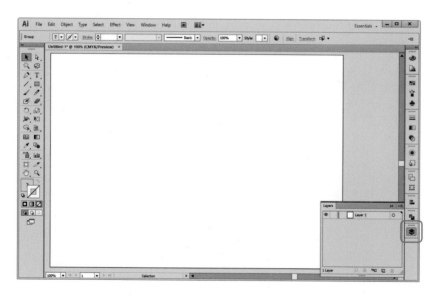

레이어 패널의 [Create New Layer]를 클릭할 때마다 레이어가 하나씩 추가되고, 삭제하고자 하는 레이어를 클릭한 뒤 휴지통 모양의 [Delete Selection]을 클릭하면 해당 레이어가 삭제됩니다. 레이어를 삭제하면 그 레이어에 그린 그림도 함께 사라집니다. 레이어를 클릭하고 드래그 앤 드롭하여 레이어의 위치 조정도 할 수 있습니다.

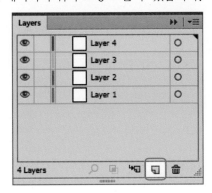 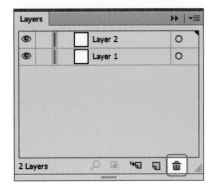

각 레이어를 클릭한 상태에서 아트보드에 그림을 그리면 선택되어 있는 레이어에 그림이 그려집니다. 레이어를 구분하여 Paintbrush Tool로 그림을 그려보겠습니다.

캐릭터들, 하트들, 하트 무더기, 말풍선, 이렇게 네 가지로 각각 레이어를 나누어 그림을 그려보고, 레이어를 더블클릭하여 이름도 바꾸어 정리해보았습니다. 오브젝트들을 선택해보면 앞의 화면과 같이 각 레이어의 이름 앞에 설정되어 있는 컬러로 선택 영역이 보이는 것을 확인할 수 있습니다.

각 레이어 앞에는 눈 모양의 아이콘이 보이는데 이 아이콘을 클릭하여 끄면, 해당 레이어에 있는 그림이 보이지 않습니다. 아이콘을 비활성화하는 것은 오브젝트가 사라진 것이 아니라 작업의 편의를 위해 잠깐 숨기는 개념으로, 다시 클릭하여 활성화하면 오브젝트도 다시 나타납니다.

눈 모양 아이콘의 오른쪽에 있는 빈칸을 클릭하면 자물쇠가 보이면서 해당 레이어가 잠깁니다. 잠긴 레이어는 보이기는 하지만 선택되지 않습니다. 이렇게 레이어를 잘 나누고, 눈과 잠금을 잘 활용하면 매우 효율적으로 작업할 수 있습니다.

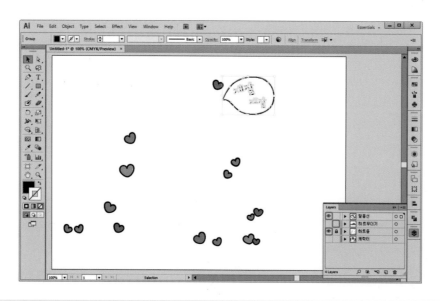

팁

일러스트레이터에는 정답이 없습니다. 같은 결과물을 만든다고 해도 매우 다양한 방법으로 만들 수 있습니다. 즉, 한 가지 결과물을 만들어내기 위한 법칙이 없는 것입니다. 따라서 일러스트레이터의 다양한 기능을 잘 익히는 것도 중요하지만 그보다 중요한 것이 바로 응용 능력입니다. 배운 기능들을 어떻게 응용해서 더 편리하게 원하는 결과물을 만들어낼 수 있을지 고민하면서 여러 번 연습하며 응용 능력을 키워나가기 바랍니다.

02 복사 및 붙여넣기

복사 및 붙여넣기는 매우 많이 쓰이는 기능입니다. 다른 프로그램들과 같이 오브젝트를 선택하고 Ctrl+C, Ctrl+V를 누르면 해당 오브젝트가 복사됩니다. 만약 각각 다른 레이어에 있는 오브젝트들을 한꺼번에 선택하여 이 방법으로 복사를 하면, 복사된 오브젝트들은 한 레이어로 합쳐집니다.

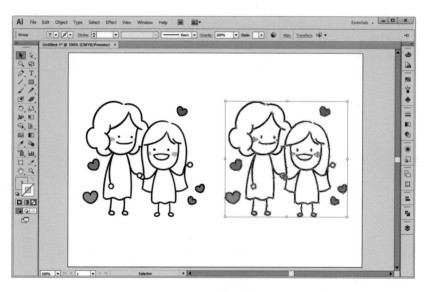

그러나 이보다 더 많이 쓰이는 방법이 바로 Alt를 누른 채로 오브젝트를 클릭 앤 드래그하는 방식입니다. 복사하고자 하는 오브젝트를 선택한 뒤, Alt를 누르면 커서가 화살표 두 개가 겹쳐진 모양으로 변합니다. 이때 클릭하여 드래그 앤 드롭하면, 원하는 위치로 오브젝트를 복사해 넣을 수 있습니다. 드롭하기 전에 Shift를 누르면 동일 선상에 복사를 할 수 있습니다. 이 방법으로 복사를 하면 각각 다른 레이어에 있는 오브젝트를 한꺼번에 복사해도 그림의 위치가 각 레이어에 유지됩니다.

> **팁**
>
> 작업을 하다 보면 오브젝트를 여러 아트보드의 같은 위치에 복사해 넣어야 할 일이 자주 생깁니다. 이런 경우에는 Selection Tool로 해당 오브젝트가 있는 아트보드를 한 번 클릭하고, 복사하고자 하는 오브젝트를 선택한 뒤 Ctrl+C를 누릅니다. 그리고 같은 위치에 붙여넣고자 하는 아트보드를 한 번 클릭하고 Ctrl+F를 누르면 됩니다. 매우 유용한 기능이므로 꼭 기억해두기 바랍니다.

03 동작 반복하기

Ctrl+D는 방금 했던 동작을 반복하는 기능입니다. 이동도, 복사도, 회전도 모두 가능합니다. 복사를 예시로 실습해보겠습니다. 먼저 작은 도형 하나를 아트보드의 왼쪽 상단에 그립니다. 그리고 앞에서 배운 방법으로 오브젝트를 선택하고 Alt를 누른 상태로 클릭한 뒤 Shift를 누른 채 오른쪽으로 조금 움직여 하나를 복사합니다.

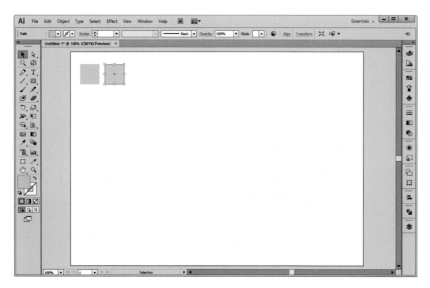

그다음 바로 Ctrl+D를 누르고, Ctrl를 누른 채로 연속해서 D를 여러 번 눌러봅니다. 처음 복사했던 것과 동일한 간격으로 D를 누를 때마다 계속 도형이 복사되는 것을 볼 수 있습니다.

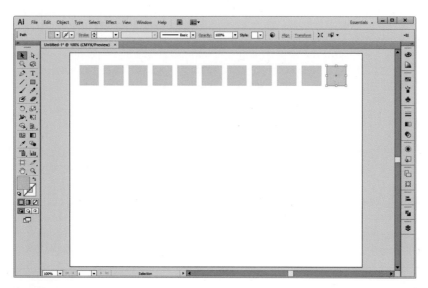

이번엔 복사된 한 줄의 도형을 모두 선택한 뒤, 다시 같은 방법으로 아래로 한번 복사하고, 바로 Ctrl을 누른 채 D를 여러 번 눌러봅니다. 한 줄의 도형이 같은 간격으로 계속해서 복사되는 것을 확인할 수 있습니다.

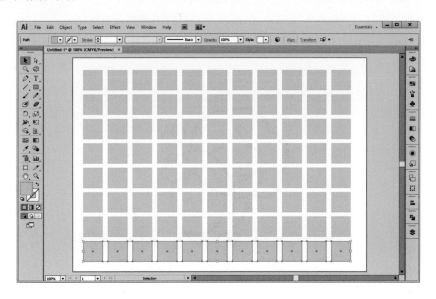

팁

처음 일러스트레이터를 다루다 보면 작업을 하다 갑자기 일러스트레이터 화면이 컴퓨터 화면을 가득 채우면서 툴 패널이 사라져 매우 당황하는 경우가 있습니다. 이때는 당황하지 말고 F를 누르면 됩니다. F는 작업 화면을 보는 방식을 바꾸는 단축키입니다. F를 여러 번 누르다 보면 처음 작업하던 방식으로 돌아옵니다.

그룹은 편의에 따라 여러 오브젝트를 묶어 한 오브젝트처럼 다룰 수 있게 하는 기능입니다. 그룹으로 묶고자 하는 오브젝트를 선택한 뒤, 마우스 오른쪽 버튼을 클릭해서 [Group]을 클릭하면 해당 오브젝트들이 하나로 묶입니다.

만약 그룹 안에 있는 오브젝트의 일부를 수정하고 싶다면, 그룹을 더블클릭합니다. 작업 영역의 왼쪽 상단에 그룹 안으로 들어와 있다는 정보가 보입니다. 이때 오브젝트의 일부를 수정한 뒤, 수정을 마치면 Esc를 눌러 다시 그룹 밖으로 나옵니다.

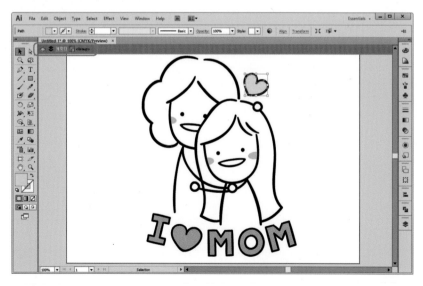

그룹을 선택하고 마우스 오른쪽 버튼을 클릭한 후 [Ungroup]을 선택하면 그룹이 다시 해제됩니다.

05   잠금

작업을 하다 보면 일부 오브젝트만 선택되지 않도록 하고 싶을 때가 있습니다. 특히 배경이 되는 오브젝트가 그 위의 오브젝트를 선택할 때마다 함께 선택된다면 매우 불편합니다. 앞에서 배운 대로 레이어 자체를 잠글 수도 있지만, 모든 오브젝트들을 레이어로 구분할 수는 없으므로 일부 오브젝트만 잠글 수 있는 기능도 있습니다.

오브젝트를 선택한 후 Ctrl+2를 누르면 해당 오브젝트가 잠겨 선택되지 않습니다. 다시 잠금 해제를 하고 싶으면 Ctrl+Alt+2를 누르면 됩니다. 매우 간단한 기능이므로 따로 다루지는 않겠습니다. 오브젝트를 만들어 잠금 및 잠금 해제를 해보며 기능을 익혀보기 바랍니다.

06   Smart Guides

Smart Guides는 오브젝트를 동일선상에서 이동 및 복사하거나, 정확히 코너나 선에 맞추어 스냅을 걸고 싶을 때 매우 유용한 기능입니다.

Ctrl+U를 누르면 Smart Guides가 활성화됩니다. 이때 오브젝트를 이동해보면 아트보드 가장자리나 오브젝트에 스냅이 걸립니다. 정확한 이동이 필요할 때 매우 편리합니다.

미세 조정을 하고 싶거나 불규칙적인 이동을 하고 싶을 때는 이 기능이 오히려 불편할 수 있습니다. 이럴 때에는 다시 Ctrl+U를 눌러 Smart Guides를 해제합니다.

07   오브젝트 순서

작업을 하다 보면 한 오브젝트를 다른 오브젝트 위로 올라오도록 순서를 변경하고 싶을 때가 있습니다. 여러 오브젝트들을 겹쳐서 그려보고 각각 다른 색으로 지정해보겠습니다.

순서를 바꾸고자 하는 오브젝트를 선택한 뒤 마우스 오른쪽 버튼을 클릭하여 [Arrange]를 클릭합니다. [Bring to Front]는 맨 앞으로, [Bring Forward]는 한 칸 앞으로, [Send Backward]는 한 칸 뒤로, [Send to Back]은 맨 뒤로 보내는 기능입니다.

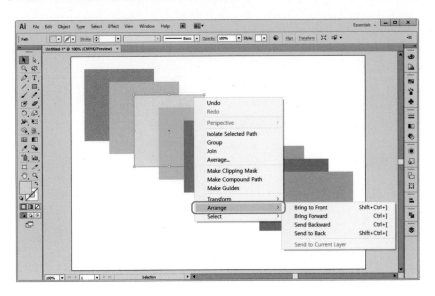

원하는 오브젝트에 [Bring to Front]를 적용하면 해당 오브젝트가 맨 위로 올라오는 것을 확인할 수 있습니다. 각각의 기능 옆에 적혀 있는 단축키를 활용하면 더 효율적으로 작업할 수 있습니다.

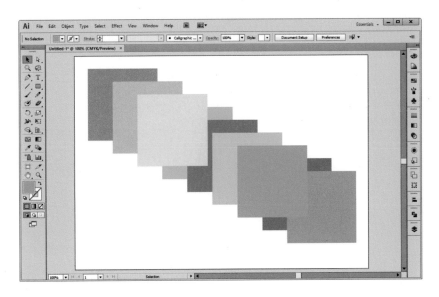

08   Align

Align은 오브젝트를 정렬하는 기능입니다. 실습을 위해 다양한 크기의 원을 여러 개 그리고 색상도 모두 다르게 지정해봅니다. 원을 모두 선택한 뒤 ❶ [Align] █을 클릭합니다.

먼저 [Align] 패널의 우측 하단에 있는 정렬 기준 ❷ ▦▾를 클릭합니다. [Align to Selection]은 선택한 오브젝트들끼리, [Align to Key Object]는 지정한 오브젝트를 중심으로, [Align to Artboard]는 아트보드를 기준으로 정렬한다는 것을 의미합니다. [Align to Artboard]를 선택합니다.

❷

[Align Objects]에 있는 왼쪽 정렬█을 클릭하면 아트보드를 기준으로 오브젝트들이 모두 왼쪽 정렬됩니다. Ctrl+Z를 눌러 실행 취소한 뒤, 옆에 있는 좌우 가운데 정렬█, 오른쪽 정렬█, 위쪽 정렬█, 상하 가운데 정렬█, 아래쪽 정렬█도 모두 클릭하여 실습해봅니다.

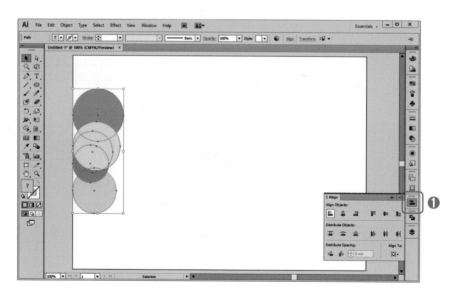

이번에는 [Distribute Objects]를 해보겠습니다. 오브젝트들을 선택한 뒤 좌우 같은 간격 정렬 ![icon] 을 클릭해봅니다. 아트보드를 기준으로 오브젝트들이 같은 간격으로 정렬되었습니다. 이때 간격은 오브젝트의 중심점을 기준으로 정렬됩니다. Ctrl+Z를 눌러 실행 취소한 뒤, 상하 같은 간격 정렬 ![icon] 도 실습해봅니다.

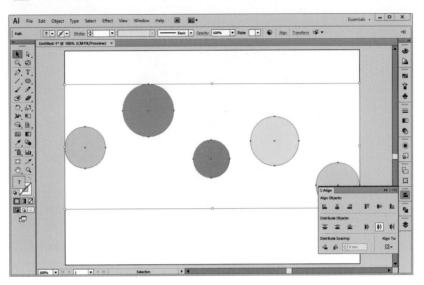

09 Opacity

Opacity는 불투명도를 의미합니다. 실습을 위해 여러 오브젝트들을 겹치게 그려보고 각각 다른 색으로 지정해보겠습니다. 오브젝트 하나를 클릭하면 컨트롤 바에 [Opacity] 메뉴가 보이고, 설정값이 기본으로 100%로 지정되어 있는 것을 확인할 수 있습니다. 0%에 가까울수록 투명해지고, 100%는 완전히 불투명한 상태입니다.

100% 옆의 화살표를 클릭해 오브젝트의 불투명도를 40%로 설정합니다. 오브젝트가 투명해져 뒤에 있는 오브젝트가 겹쳐 보이는 것을 확인할 수 있습니다. 다른 오브젝트들도 모두 다 다른 투명도로 설정하면서 연습해보기 바랍니다.

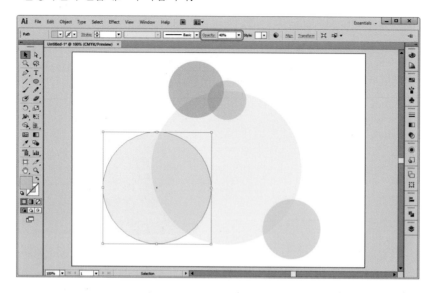

10   Pathfinder

Pathfinder는 오브젝트들을 합치고, 나누는 기능입니다. 앞의 예시에서 사용했던 오브젝트를 다시 불투명도를 100%로 맞춘 뒤 Pathfinder를 연습해보겠습니다.
오브젝트를 모두 선택한 뒤 ❶Pathfinder 패널 🔡을 클릭해봅니다.

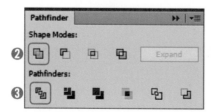

Pathfinder에서는 가장 많이 쓰이는 ❷ [Unite] 🔲 와 ❸ [Divide] 🔳 만 살펴보겠습니다.

오브젝트가 모두 선택된 상태에서 [Unite]를 클릭하면 오브젝트들이 모두 합쳐져 한 오브젝트가 됩니다.

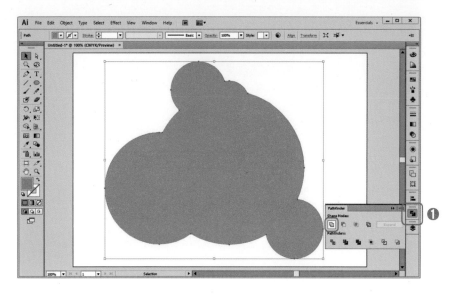

Ctrl+Z를 눌러 실행 취소한 뒤, [Divide]를 클릭합니다. Divide는 오브젝트가 겹치는 모양대로 잘려 나뉘는 기능입니다. 단, [Divide]를 클릭한 후 나뉜 오브젝트들은 기본으로 그룹이 되어 있으므로, 그룹을 해제하려면 마우스 오른쪽 버튼을 클릭하여 [Ungroup]을 선택합니다.

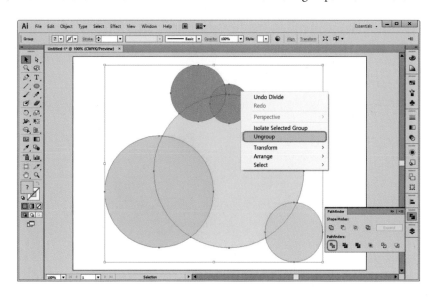

오브젝트를 따로따로 이동해보면, 모두 각각 나뉘어 다른 오브젝트가 된 것을 확인할 수 있습니다.

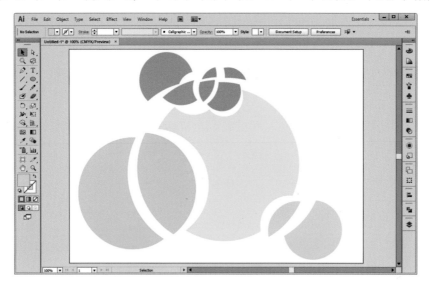

11   Expand

Expand는 선을 면으로 바꾸는 기능입니다. 선으로 만든 오브젝트를 같은 비율로 확대하고 싶거나, Pathfinder를 활용하고자 할 때 사용하면 유용한 기능입니다.

실습을 위해 [Fill]만 채워진 사각형을 하나 그리고, 그 위에 [Stroke]만 있는 다양한 모양의 오브젝트들을 그립니다. 선의 굵기를 굵게 설정해보겠습니다.

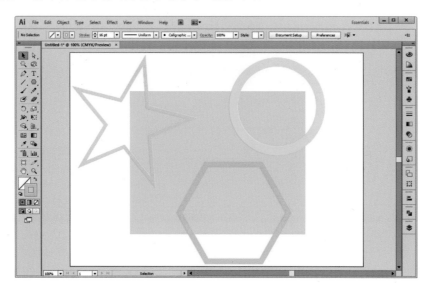

선으로 된 오브젝트들만 선택하고 메뉴 바에서 [Object] – [Expand]를 클릭한 후, Expand 창이
뜨면 [OK] 버튼을 클릭합니다.

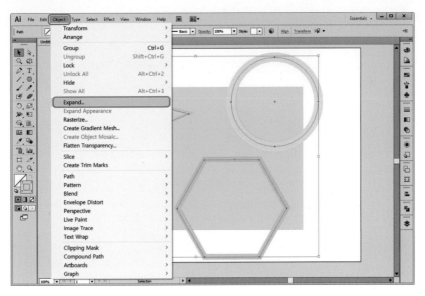

선으로 이뤄졌던 오브젝트들이 면이 된 것을 확인할 수 있습니다.

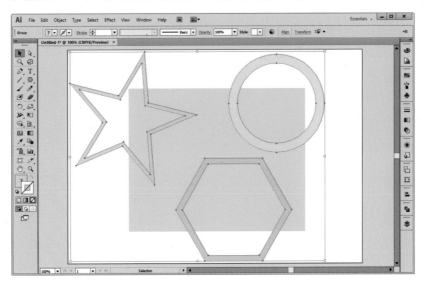

이렇게 오브젝트를 면으로 만들면 Pathfinder를 활용하기에 용이합니다. 모든 오브젝트를 선택하고 [Pathfinder]의 [Divide]를 클릭하고 [Ungroup]을 선택해 그룹 해제한 후, 사각형 바깥의 오브젝트를 지우면 다음의 화면과 같은 이미지를 만들 수 있습니다.

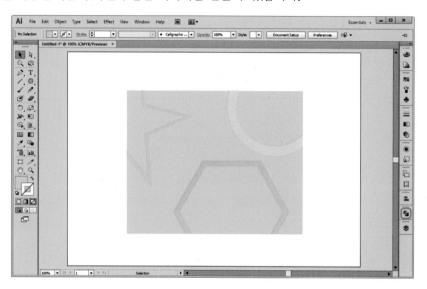

또, 선으로 만든 오브젝트를 같은 비율로 확대하고 싶을 때에도 용이합니다. 만약 선으로 된 오브젝트를 크게 확대한다면, 선이 상대적으로 얇아져 왼쪽 이미지처럼 비율이 달라질 수 있습니다. 그러나 Expand를 활용해 면으로 변형시키면 크기를 확대해도 오른쪽 이미지처럼 비율이 유지됩니다.

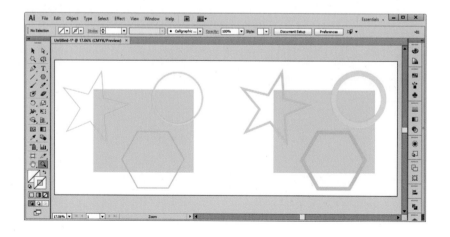

Expand를 활용해 선을 면으로 만들고 나면, 선의 개념에서 다시 수정할 수가 없습니다. 선은 패스의 점을 옮겨 모양 수정이 용이하지만, 면은 모양 수정이 어려운 경우도 있습니다. 이에 따라 선에서 모양을 수정한 뒤 다시 Expand를 적용하고 싶은 경우가 꼭 발생합니다. 따라서 Expand를 적용하기 전에는 꼭 오브젝트를 복사하여 선으로 된 오브젝트를 따로 살려두고, 복사한 오브젝트에 Expand를 적용합니다.

12   Select

작업을 하다 보면 같은 색상인 오브젝트들만 모두 골라 색상을 변경하고 싶거나, 텍스트만 모두 선택하여 글씨체를 변경하고 싶은 경우가 발생합니다. 이때 같은 속성을 가진 오브젝트들만 선택할 수 있도록 도와주는 기능이 바로 Select입니다. Select를 실습해보기 위해 앞에서 배운 Ctrl +D를 활용해 오브젝트를 여러 개 복사한 뒤, 일부만 선택해 색상을 변경해보겠습니다.

색상을 변경한 오브젝트 중 한 개만 선택한 뒤, 메뉴 바에서 [Select] - [Same]을 클릭합니다. [Fill & Stroke]는 면과 선이 모두 동일한 속성을 가진 오브젝트를, [Fill Color]는 면의 색상이 동일한 오브젝트를, [Opacity]는 투명도가 동일한 오브젝트를, [Stroke Color]는 선의 색상이 동일한 오브젝트를, [Stroke Weight]는 선의 굵기가 동일한 오브젝트를 모두 선택해주는 메뉴입니다. [Fill Color]를 클릭합니다.

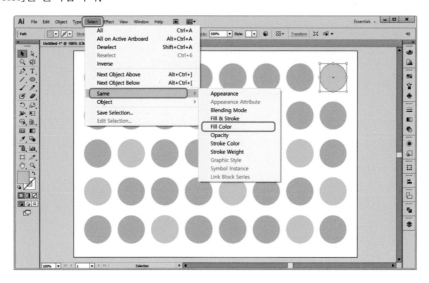

면 색상이 동일한 모든 오브젝트들이 선택된 것을 확인할 수 있습니다. 이 외에도 [Select] –
[Object] – [Text Objects]를 클릭하면 모든 텍스트를 선택할 수도 있습니다. 다양한 오브젝트를
만들어 다른 메뉴들도 모두 실습해보기 바랍니다.

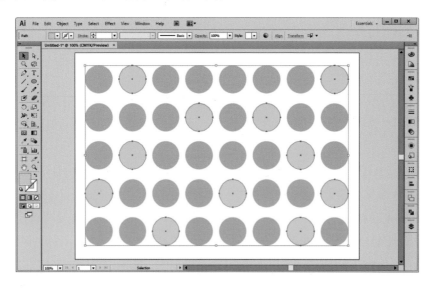

팁

처음 일러스트레이터를 다루다 보면 작업을 하다가 갑자기 아트보드가 보이지 않거나, 오브젝트들이 이상하게
보여 당황하는 경우가 있습니다. 이는 보통 단축키를 잘못 눌러 발생하는 현상입니다. 만약 갑자기 아트보드가
보이지 않는다면 Shift+Ctrl+H를 누르면 됩니다. 오브젝트들이 갑자기 까만 선으로만 보인다면 Ctrl+Y를
누르면 기존 방식으로 돌아오게 됩니다. 또, 선택 영역이 보이지 않는다면 Shift+Ctrl+B를, 선택한 오브젝트들의
테두리가 보이지 않는다면 Ctrl+H를 누르면 됩니다. 혹시 이외의 문제가 발생한다면 메뉴 바의 [View] 메뉴에서
해당 문제점을 찾아 클릭하면 해결할 수 있습니다.

나만의 캐릭터
그리기

이제 앞에서 배운 기능들을 바탕으로 나만의 캐릭터를 그리고, 캐릭터의 주변 요소도 만들어보겠습니다. 이번 파트에서 만든 캐릭터와 요소들을 활용하여 다음 파트에서 굿즈를 만들 것이므로 개성 있고 매력 있는 캐릭터를 그려보기 바랍니다.

01 자연스러운 손 그림 캐릭터 그리기

먼저, 자연스러운 손 그림 스타일의 캐릭터 그리기를 연습해보겠습니다. 앞에서는 그림까지 똑같이 따라하며 실습했다면, 이번에는 필자가 사용하는 기능은 참고하되 그림은 나만의 캐릭터로 바꾸어 응용하며 연습해보기 바랍니다.

메뉴 바에서 [File] – [New]를 클릭한 후 New Document 창에 대략적으로 구상한 캐릭터의 비율에 맞는 아트보드의 사이즈를 입력하여 새 파일을 엽니다. 여기서는 가로 140mm, 세로 210mm 크기의 아트보드를 한 개 열어보겠습니다. 만약 사이즈를 당장 가늠하기 어렵다면, 일단 아무 사이즈나 입력한 뒤 추후에 아트보드 크기를 조정해도 괜찮습니다.

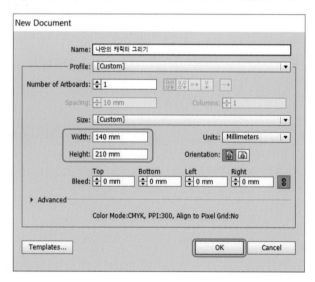

먼저, ⒷE를 눌러 Paintbrush Tool로 아트보드 안에 대략적으로 캐릭터를 러프 스케치합니다. Pencil Tool로 그려도 좋습니다. 스케치한 선을 Selection Tool로 모두 선택한 뒤, 컨트롤 바에서 Opacity를 20% 정도로 설정합니다.

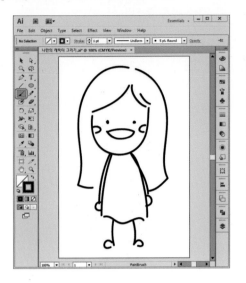
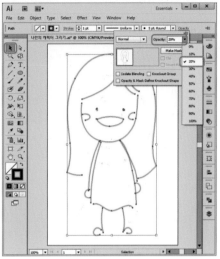

러프 스케치가 있는 레이어를 잠그고, 새 레이어를 만듭니다. 각 레이어의 이름을 더블클릭하여 이름을 바꿔 정리하고, 새 레이어에 본격적으로 캐릭터를 그려줍니다. 필자는 태블릿을 사용할 것이므로 Paintbrush Tool에서 필압이 적용되는 브러시를 이용해보겠습니다. 캐릭터의 일부를 그린 후 Direct Selection Tool로 점을 조정하여 선을 다듬어줍니다.

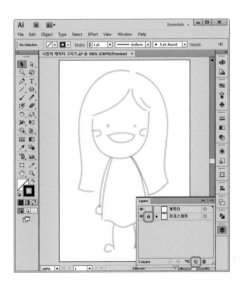

Paintbrush Tool로 나머지도 그려주고, Direct Selection Tool로 점을 옮기며 다듬어줍니다. [Rectangle Tool]을 길게 눌러 [Ellipse Tool]을 선택하고, Shift를 누른 채 드래그하며 정원을 작게 그려줍니다. [Fill]만 검은색으로 설정하고 [Stroke]는 없애줍니다. 한쪽 눈의 위치를 잡은 후 Alt를 누른 채 드래그하다 Shift를 눌러 직선상에 다른 쪽 눈을 복사해줍니다.

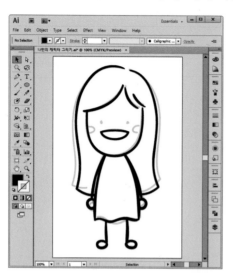
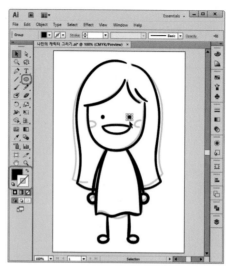

볼 터치를 넣기 위해 Ellipse Tool로 타원을 그리고 [Fill] 색상을 설정한 뒤 얼굴 각도에 맞게 회전시켜줍니다. 얼굴선 뒤로 위치시키기 위해 볼 터치를 선택하고 마우스 오른쪽 버튼을 클릭하여 [Arrange] - [Send to Back]을 선택합니다. 볼 터치를 선택하고 Shift+E를 눌러 Eraser Tool을 활성화한 뒤 볼 터치가 얼굴선 바깥으로 튀어나온 부분만 지워줍니다.

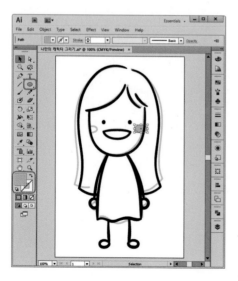
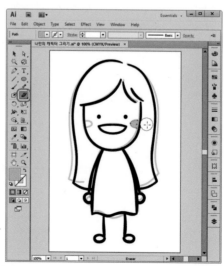

완성된 한쪽 볼 터치를 선택하고 ⓞ를 눌러 Reflect Tool을 활성화한 뒤 Alt를 누른 채 미간을 클릭합니다. Reflect 설정 창에서 [Vertical]을 선택하고 [Copy]를 클릭합니다. Selection Tool로 볼 터치의 위치를 조정해 줍니다. 캐릭터의 생김새가 완성되었으므로, 러프 스케치가 더 이상 보이지 않도록 러프 스케치 레이어의 눈을 끕니다.

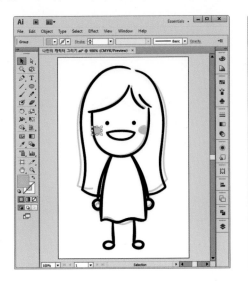
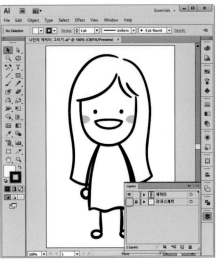

지금은 아트보드 위에 있어 필요 없어 보이지만, 다양한 배경 위에서 활용하려면 흰색을 칠해야 합니다. Shift+ⓑ를 눌러 Blob Brush Tool을 활성화한 뒤 ⓛ와 ⓙ를 눌러 브러시 크기를 조정하여 색칠합니다. 색칠한 부분을 선택하여 [Fill]을 흰색으로 설정하고 [Stroke]는 없애준 뒤, 마우스 오른쪽 버튼을 클릭하여 [Arrange] – [Send to Back]을 선택합니다.

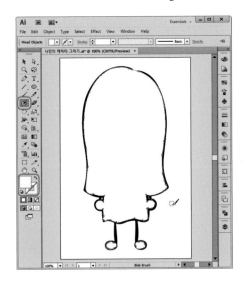
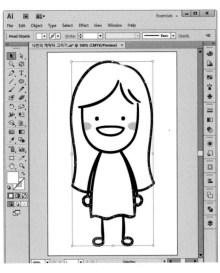

캐릭터 그리기가 마무리되면, 이동 혹은 복사를 하다 그림이 변형되지 않도록 모든 오브젝트를 선택한 후 마우스 오른쪽 버튼을 클릭하여 [Group]을 선택합니다. 여기저기 활용하기에 용이하도록 원본을 하나 복사한 다음, 복사본에 Expand를 적용해두어도 좋습니다. 자연스러운 손 그림 스타일의 캐릭터 그리기가 마무리되었습니다.

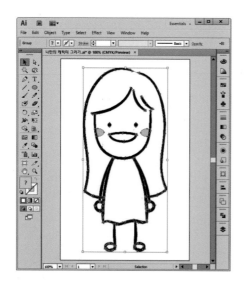
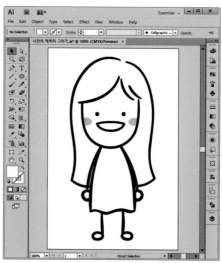

02 심플하고 깔끔한 캐릭터 그리기

이번에는 심플하고 깔끔한 스타일의 캐릭터를 연습해보겠습니다. 다음 파트에서 바로 내 캐릭터로 굿즈를 만들 것이므로, 이번에도 기능은 참고하되 그림은 나만의 캐릭터로 바꾸어 그리는 것이 좋습니다. 그리고 두 스타일 중 어떤 것이 나의 캐릭터에 더 알맞을지 고려해보기 바랍니다. 적절히 응용하여 새로운 나만의 그림체를 개발하면 더욱 좋습니다.

적절한 사이즈의 아트보드를 열고 Paintbrush Tool 또는 Pencil Tool로 러프 스케치를 합니다.

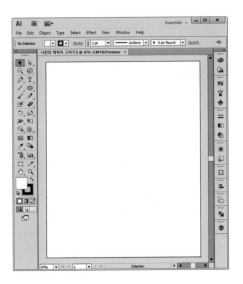

러프 스케치한 선을 모두 선택한 뒤 Opacity를 20% 정도로 설정합니다. 그리고 러프 스케치 레이어를 잠근 뒤 새 레이어를 만들고, 레이어 이름을 바꿔 정리합니다. 새로 만든 레이어에 캐릭터의 얼굴형을 만들기 위해 Ellipse Tool로 타원을 그려줍니다.

Direct Selection Tool로 타원 위의 점 양옆에 나와 있는 [Handle]의 동그란 점을 움직여 [Handle]을 길게 늘려줍니다. 적절한 얼굴형이 만들어졌습니다. Ellipse Tool로 Shift를 누른 채 정원을 작게 그려 눈을 만들고, 타원을 하나 그려 볼 터치를 만들어줍니다. 눈과 볼 터치를 하나씩 복사하여 양쪽에 적절히 배치합니다.

코를 그리기 위해 [Ellipse Tool]을 길게 눌러 [Polygon Tool]을 선택하고, 아트보드를 한 번 클릭합니다. Polygon 설정 창이 뜨면 [Sides]에 3을 입력하고 [OK] 버튼을 클릭합니다. 삼각형이 만들어지면 적절한 크기로 조정해 볼 터치 사이에 위치시킵니다. 그리고 Direct Selection Tool로 위의 점만 Shift를 누른 채 위로 옮겨 코를 길게 만들어줍니다. 그다음 [Polygon Tool]을 길게 눌러 [Rounded Rectangle Tool]을 선택해 눈썹을 그려주고, 복사하여 양쪽에 적절히 배치합니다. Paintbrush Tool이나 Pencil Tool로 입도 그려줍니다.

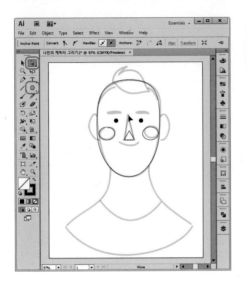

얼굴형을 만들 때와 동일한 방법으로, Ellipse Tool로 타원을 그린 뒤 Direct Selection Tool로 [Handle]을 움직여 귀 모양을 만들어줍니다. 한쪽 귀를 선택한 뒤 Reflect Tool로 반전되도록 복사하여 반대쪽 귀도 만들어줍니다.

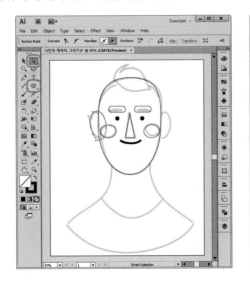

지금까지 만든 오브젝트들의 [Fill] 색상을 적절히 바꿔주고 [Stroke]는 없앱니다. 오브젝트의 순서가 잘못된 것을 발견하면, 해당 오브젝트를 선택한 뒤 마우스 오른쪽 버튼을 클릭하고 [Arrange]에서 메뉴를 선택하여 순서를 조정합니다. 색상 설정을 마치면 Paintbrush Tool로 머리카락을 넣을 라인을 그리는데, 선의 양 끝이 얼굴형 바깥까지 넘어가도록 그려야 합니다. 머리카락 라인과 얼굴형을 함께 선택한 후 Pathfinder의 [Divide]를 클릭합니다.

 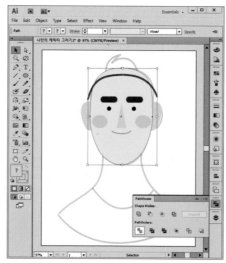

Divide로 나눈 오브젝트를 선택하고 마우스 오른쪽 버튼을 클릭하여 [Ungroup]을 선택합니다. 그룹을 해제하면 얼굴형이 눈, 코, 입보다 위로 올라옵니다. [Arrange] 기능을 활용하여 다시 얼굴형을 뒤로 보내고, 얼굴보다 뒤에 있는 귀도 더 뒤로 보내 순서를 재조정합니다.

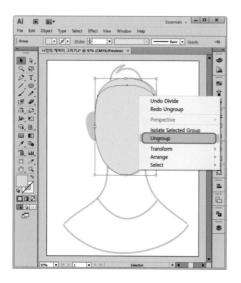 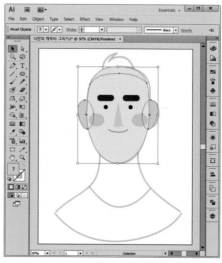

Divide로 나눈 머리카락 부분의 색상을 변경해줍니다. 그리고 Paintbrush Tool이나 Pencil Tool로 머리카락을 더 그려, 같은 색상으로 변경하고 적절히 위치시킵니다.

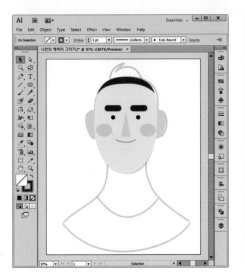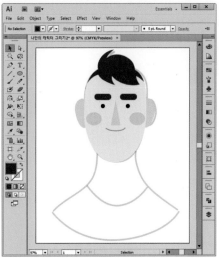

Paintbrush Tool로 목과 어깨가 될 선을 하나 그리고, Reflect Tool을 활용하여 반대쪽에도 똑같이 위치시킵니다. 그리고 두 선을 이어줄 선을 아래에 또 하나 그려줍니다. Ctrl+U를 눌러 Smart Guides를 켜고, Direct Selection Tool로 각 선과 선이 만나는 점을 정확히 동일하게 겹쳐줍니다. 선 세 개를 모두 선택하고 마우스 오른쪽 버튼을 클릭한 뒤 [Join]을 선택하여, 선을 한 개로 만들어줍니다.

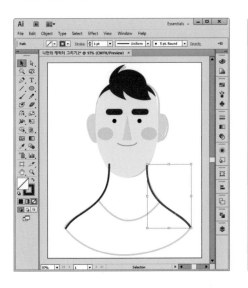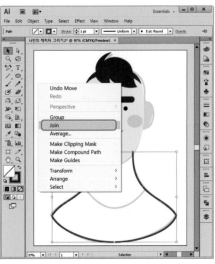

목과 어깨를 클릭하고 ⓘ를 눌러 Eyedropper Tool을 활성화한 뒤, 귀를 클릭하여 [Fill] 색상을 귀 색으로 만듭니다. 그리고 Paintbrush Tool로 티셔츠가 시작될 위치에 선을 그립니다. 선을 선택하고 Ctrl+ⓒ, Ctrl+ⓕ를 누릅니다. 같은 위치에 복사되었으므로 눈에 보이지는 않지만 선이 하나 더 생겼습니다. Selection Tool로 선 하나를 클릭하고 Alt를 누른 채 크기를 조정해 티셔츠 목 띠 부분을 그립니다.

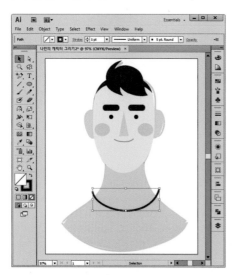

목과 어깨, 그리고 방금 그린 선 두 개를 모두 선택한 후 Pathfinder의 [Divide]를 클릭하고, 마우스 오른쪽 버튼을 클릭하여 [Ungroup]을 선택합니다.

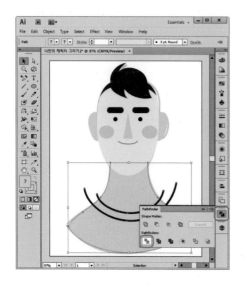
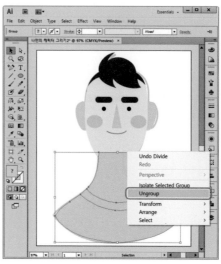

[Arrange]로 순서를 맨 뒤로 보낸 후, 티셔츠와 티셔츠 목 띠의 색상을 변경합니다. 그리고 캐릭터의 생김새가 완성되었으므로, 러프 스케치가 더 이상 보이지 않도록 러프 스케치 레이어의 눈을 끕니다

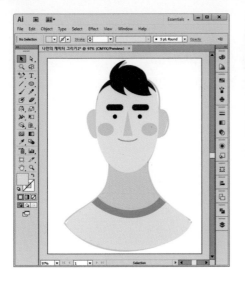

이동 혹은 복사를 하다 그림이 변형되지 않도록 모든 오브젝트를 선택한 후 마우스 오른쪽 버튼을 클릭하여 [Group]을 선택합니다. 활용에 용이하도록 원본을 하나 복사한 다음, 복사본에 Expand를 적용해두어도 좋습니다. [Expand]가 활성화되지 않는다면, 그 아래에 있는 [Expand Appearance]를 선택한 후 다시 Expand를 적용하면 됩니다. 심플하고 깔끔한 스타일의 캐릭터 그리기가 마무리되었습니다.

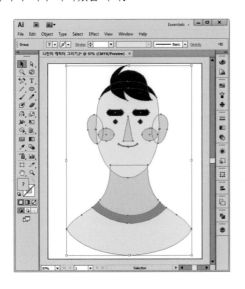
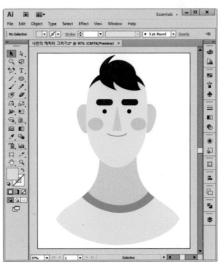

03 캐릭터의 주변 요소 그리기

캐릭터의 주변 요소 그리기는 사실 캐릭터 그리기와 크게 다를 것이 없습니다. 여러 기능들을 적절히 사용하여 자신의 캐릭터에 맞는 주변 요소 또는 주변 캐릭터를 그리면 됩니다. 비슷한 과정이므로, 앞에서 사용하지 않았던 기능을 사용해 보는 데 중점을 두어 간단히 살펴보겠습니다.

필자는 가족 캐릭터의 특성에 맞게 캐릭터의 주변 요소로 노란 지붕을 자주 활용하곤 합니다. 캐릭터 주변 요소의 예시로 이 지붕을 한번 만들어보겠습니다. 이번에도 앞의 예시와 동일한 방법으로 적절한 사이즈의 아트보드를 열고, Rectangle Tool로 사각형을 하나 그린 뒤 색을 변경해보겠습니다.

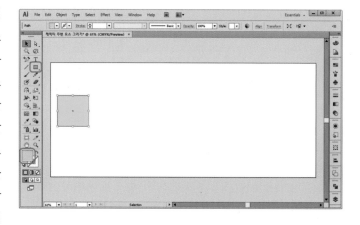

Ctrl+U를 눌러 Smart Guides를 켜고, Rounded Rectangle Tool로 좌우가 사각형과 정확히 일치하도록 둥근 사각형을 하나 그립니다.

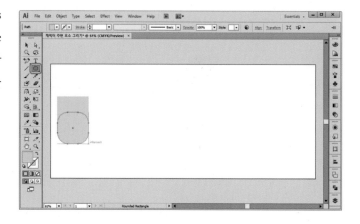

사각형과 둥근 사각형을 함께 선택한 후 Pathfinder의 [Unite]를 클릭하여 도형을 하나로 합쳐줍니다.

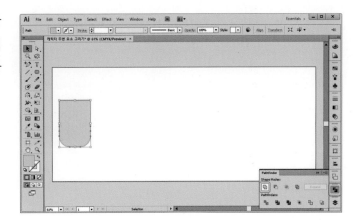

Smart Guides가 켜져 있는 상태에서 Alt를 누른 채 오브젝트를 클릭 앤 드래그하여 기존 오브젝트 바로 옆에 딱 맞도록 한 개 복사합니다.

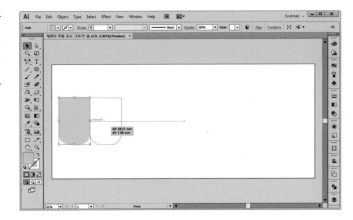

복사한 후 바로 Ctrl을 누른 채 D를 여러 번 눌러 오브젝트를 여러 개 이어 붙입니다.

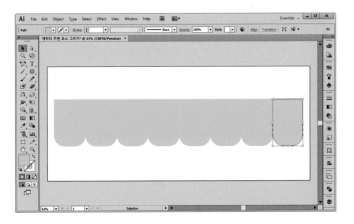

Selection Tool로 오브젝트를
한 개 선택하고, Shift를 누른
채 오브젝트를 하나 건너 하
나씩 선택합니다. 선택한 오
브젝트들의 [Fill] 색상을 변경
합니다.

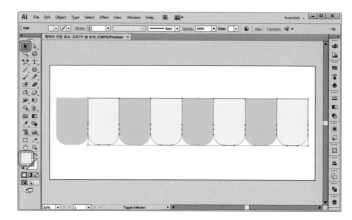

그림이 변형되지 않도록 모
든 오브젝트를 선택한 후 마
우스 오른쪽 버튼을 클릭하여
[Group]을 선택합니다.

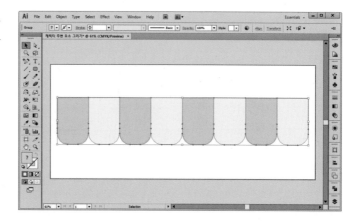

캐릭터의 주변 요소인 지붕
만들기가 마무리되었습니다.
지붕 만들기는 필자가 활용하
는 요소를 예시로 하여, 여러
기능을 사용해 제작해본 연습
일 뿐입니다. 다양한 기능을
응용하여 나만의 요소를 개성
있게 만들기 바랍니다.

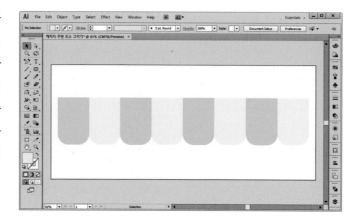

04 다양한 자세와 감정 그리기

캐릭터의 정면만 잘 그렸다고 해서 여러 굿즈를 만들어낼 수는 없습니다. 매력적인 굿즈를 제작하려면 자세 및 감정과 색감 표현, 배치 등을 모두 고려하여 다양하게 그려야 합니다. 개성 있는 굿즈를 만들기 위한 연습으로 내 캐릭터만의 콘셉트와 스토리를 살려 재미있는 상황을 세팅하고, 캐릭터의 여러 자세와 감정들을 표현해봅시다.

01 일러스트 형식으로 그리기

내 캐릭터의 콘셉트와 스토리에 알맞은 그림 하나를 일러스트 형식으로 한번 그려보겠습니다. 먼저 캐릭터의 자세나 표정 및 감정은 어떻게 할 것인지, 색감과 구도 및 배치는 어떻게 할 것인지를 고려합니다. 필자의 캐릭터를 활용한 예시 작업을 참고하여 나만의 캐릭터로 그림을 그려봅시다.

적절한 사이즈의 아트보드를 열고, Paintbrush Tool 또는 Pencil Tool로 러프 스케치를 한 후 Opacity를 20% 정도로 설정합니다. 러프 스케치 레이어를 잠근 뒤 새 레이어를 만들고, 레이어 이름을 바꿔 정리합니다.

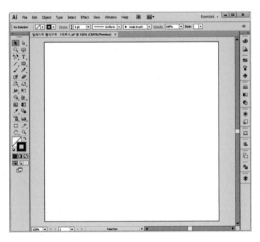

새 레이어에 Paintbrush Tool로 그림을 그립니다. 스케치를 마치면 앞에서 배운 것과 동일한 방법으로 Blob Brush Tool을 활용하여 색칠하고, 순서를 맨 아래로 바꿔줍니다. 캐릭터는 흰색으로, 이불은 노란색으로 칠해주었습니다. 앞에서 손 그림 스타일의 캐릭터를 그렸을 때와 동일한 방법으로 그리는 것이므로, 자세한 과정은 생략합니다.

캐릭터 부분이 완성되었으니 스케치와 색칠 부분을 모두 선택하고 마우스 오른쪽 버튼을 클릭하여 [Group]을 선택합니다. 이제 배경을 그리기 위해 새 레이어를 만듭니다. 배경은 맨 뒤에 들어가게 되므로, 배경 레이어를 클릭 앤 드래그하여 맨 아래로 배치합니다.

Smart Guides가 켜져 있는 상태에서 아트보드 사이즈에 맞게 Rectangle Tool로 사각형을 그린 후, [Stroke]는 없애고 [Fill]은 어울리는 색상으로 변경합니다. 전체적으로 부드러운 느낌에 비해 배경 모양이 너무 딱딱하게 느껴져, 배경 모양을 말랑말랑한 느낌으로 잘라내고자 합니다. 배경을 잘라낼 모양을 Paintbrush Tool로 그려줍니다. 모양을 그리다 마지막쯤에 Alt를 눌러 오브젝트를 닫습니다. 모양에 이상한 부분이 있다면 Direct Selection Tool로 다듬어줍니다.

배경이 되는 사각형과 방금 그린 선을 함께 선택한 후 Pathfinder의 [Divide]를 클릭하고, Divide로 나눈 오브젝트에서 마우스 오른쪽 버튼을 클릭하여 [Ungroup]을 선택합니다.

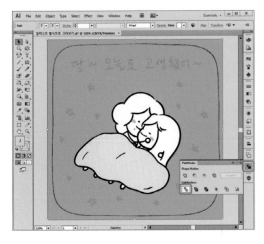
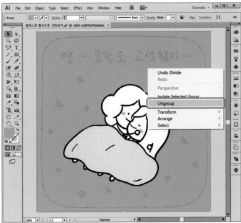

배경 바깥쪽에 잘린 오브젝트를 선택하고 (Del)을 눌러 삭제합니다. 부드러운 모양의 자연스러운 배경 모양이 완성되었습니다. Star Tool을 이용하여 별을 하나 그려주고 알맞은 색으로 설정해줍니다.

별을 여러 개 복사하여 원하는 곳에 위치하고, 크기와 각도 및 색상을 조금씩 바꿔서 다양한 느낌을 표현해봅니다. Type Tool로 텍스트를 입력하고, 분위기와 알맞은 글씨체로 설정합니다. 텍스트의 크기와 색상을 조정하고 적절한 곳에 위치시킵니다.

그림이 완성되었으므로, 러프 스케치가 더 이상 보이지 않도록 러프 스케치 레이어의 눈을 꺼줍니다. 그림 레이어를 잠그고, 배경 레이어만 활성화한 상태에서 배경 요소들을 모두 선택하여 [Group]으로 묶어줍니다. 일러스트 형식으로 재미있는 자세와 감정 그리기가 마무리되었습니다.

팁

만약 캐릭터의 정면 그리기에만 익숙해, 다양한 자세와 각도로 그리기에 어려움을 느낀다면 캐릭터의 턴어라운드를 먼저 그려보기 바랍니다. 턴어라운드란 캐릭터를 돌려가며 앞면, 옆면, 뒷면 등을 그리는 것을 의미합니다. 턴어라운드를 그리고 나면 내 캐릭터를 입체적으로 이해하게 됨에 따라 다른 다양한 자세나 표현도 쉬워집니다. 표현에 한계가 생기면 재미있는 아이디어가 생각나도 내가 그릴 수 있는 표현에 한해서만 그리게 되므로, 내가 그릴 수 있는 범위를 넓힐 수 있도록 다양하게 연습해보기 바랍니다.

이번에는 캐릭터의 콘셉트와 스토리에 알맞은 그림을 만화 형식으로 그려보겠습니다. 만화 형식의 그림도 다양한 굿즈에서 유용하게 쓰일 수 있습니다. 필자의 캐릭터를 활용한 예시 작업을 참고로 나만의 캐릭터에 알맞은 스토리를 구상하여 짧은 만화 형식으로 그려보기 바랍니다.

재미있는 스토리를 구상하고, 기획에 맞게 아트보드를 설정하여 새 파일을 열어줍니다. 여기서는 짧은 만화 세 컷으로 기획하여 가로 190mm, 세로 105mm의 아트보드를 세로로 세 개 정렬되도록 설정했습니다.

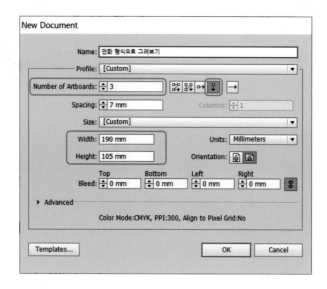

아트보드가 세로로 세 개 정렬되었습니다. Paintbrush Tool, Ellipse Tool, Blob Brush Tool, Eraser Tool 등을 활용하여 기획한 그림을 그려줍니다.

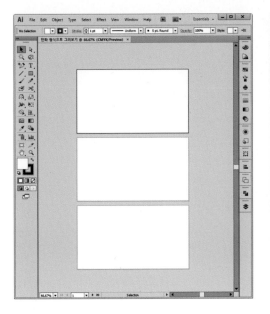
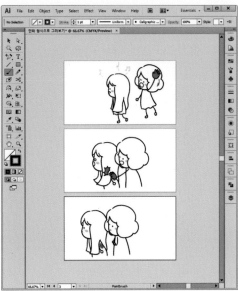

Type Tool로 텍스트를 각 그림에 알맞게 삽입합니다. 텍스트의 글씨체, 색상, 크기, 각도 등을 조절하고, 텍스트에 맞추어 Paintbrush Tool 또는 Pencil Tool로 말풍선을 그려줍니다.

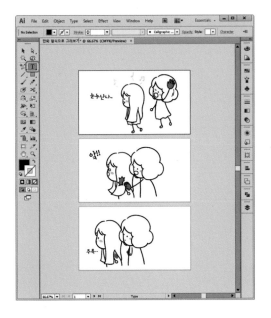
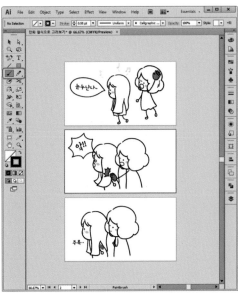

텍스트와 말풍선을 함께 선택하여 크기 및 위치를 재조정합니다. 그림 세 컷이 완성되었습니다. Smart Guides를 활성화하고 아트보드의 사이즈에 맞게 Rectangle Tool로 사각형을 그린 후, [Stroke]를 조금 굵게 설정합니다.

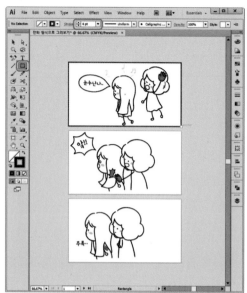

Ctrl+C, Ctrl+F를 활용하여 사각형을 세 아트보드의 같은 위치에 모두 똑같이 복사해줍니다. 그리고 Artboard Tool로 드래그하여 세 컷이 모두 들어가는 적절한 사이즈의 아트보드를 새로 만들어줍니다.

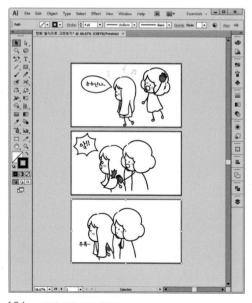
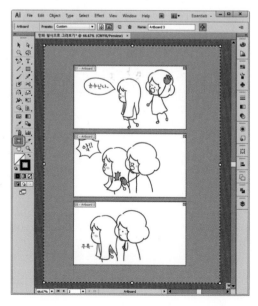

[Artboards] 패널에서 기존 아트보드를 한 개 클릭하고, Ctrl을 누른 채 나머지 두 개도 클릭하여 기존 아트보드 세 개를 선택합니다. [Delete Artboard]를 클릭하여 기존 아트보드 세 개를 모두 지워줍니다. 각 컷마다 오브젝트를 모두 선택하고 마우스 오른쪽 버튼을 클릭하여 [Group]을 선택합니다. 만화 형식으로 재미있는 자세와 감정 그리기가 마무리되었습니다.

PART

04

나만의 캐릭터로
굿즈 제작하기

이제 모든 준비를 마쳤으니, 본격적으로 나만의 캐릭터로 굿즈를 제작해보겠습니다. 굿즈를 크게 문구류, 생활용품, 봉제류로 나눠서 각 종류의 기본적인 품목들을 골라 함께 하나씩 만들어보겠습니다. 굿즈 제작 방법을 배우면서, 앞에서 그렸던 내 캐릭터를 활용하여 나만의 개성 있는 굿즈를 만들어보기 바랍니다.

01 문구류 제작하기

가장 먼저 문구류를 제작해보도록 하겠습니다. 문구류는 여러 종류의 굿즈들 중 가장 진입장벽이 낮아 쉽게 도전해볼 수 있습니다. 비교적 제작 과정이 단순하고, 원가도 낮은 편이며 소량 제작도 용이하기 때문입니다. 그러면 문구류 제작을 위해 꼭 알아야 할 인쇄 기술은 무엇이 있는지 알아보고, 핵심 아이템들만 쏙쏙 골라 함께 만들어보겠습니다.

01 문구류 제작을 위해 꼭 알아야 할 인쇄 기술

본격적으로 굿즈 제작에 들어가기 전에 배워둘 것이 있습니다. 바로 문구류를 제작할 때 전반적으로 꼭 신경을 써야 하는 기본적인 인쇄 기술입니다. 미리 그림 작업부터 한 후 제작 방식을 고려하면, 작업을 두세 번씩 다시 수정해야 하는 문제가 발생할 수 있으므로 반드시 그림을 그리기 전에 제작 방식을 먼저 고려하고, 그에 맞는 작업 환경을 만들어둔 후 작업에 들어가는 것이 좋습니다. 이 인쇄 기술들은 문구류뿐만 아니라 다른 종류의 굿즈 제작에도 전반적으로 도움이 되는 개념이기 때문에 꼭 익혀두어야 합니다. 그렇다면 문구류를 제작하기 위해 꼭 알아야 할 인쇄 기술에는 어떤 것들이 있는지 살펴볼까요?

01-1 인쇄 색상

굿즈 제작 시 가장 문제가 되는 부분 중 하나가 바로 인쇄의 색상 차이입니다. 작업할 때 화면상으로는 분명 맑은 색이었는데, 인쇄 결과물의 색상은 탁하게 나오는 문제가 빈번히 발생하곤 합니다. 캐릭터 상품을 제작할 때에는 색상이 굿즈 자체의 분위기를 좌우할 수 있기 때문에 매우 신중하게 작업해야 합니다. 그렇다면 이런 색상 차이는 왜 일어날까요?

모니터로 확인한 색상과 인쇄된 색상에 차이가 있는 근본적인 이유는 바로 앞에서 배웠던 RGB와 CMYK 색상 타입의 차이 때문입니다. 앞에서 살펴봤듯이, 웹상으로 확인하는 색상은 RGB 타입이고, 인쇄된 색상은 CMYK 타입이므로, 서로 색상 혼합 방식이 다릅니다. 따라서 굿즈 인쇄를 맡길 때는 꼭 CMYK 타입으로 작업을 해야 합니다. RGB 타입으로 작업한 것을 바로 인쇄해버리면 결과물이 전혀 다른 색으로 나올 수 있습니다.

그러나 CMYK 타입으로 설정하고 작업한다 할지라도, 화면상으로 본 색상과 종이에 인쇄된 색상에는 차이가 있을 수밖에 없습니다. 이런 차이를 최대한 줄여주기 위해서는 여러 해결 방법이 있습니다. 첫 번째는, 모니터의 색상을 조정하여 인쇄 색상과 최대한 근접하게 설정하는 방법입니다. Y 100%, M 100%로 인쇄된 종이를 화면 옆에 두고 비교하며 색상을 조정하면 최대한 오차를 줄일 수 있습니다.

그다음으로는 컬러 차트를 이용하는 방법이 있습니다. 컬러 차트는 CMYK의 값에 따라 인쇄되는 색상을 모두 정리해놓은 차트입니다. 인쇄하고자 하는 색상과 가장 가까운 색을 차트에서 찾아 CMYK의 값을 직접 입력하면, 원하는 색상에 더 가까운 결과물을 얻을 수 있습니다. 처음으로 가볍게 굿즈 제작을 시작할 때에 사용하기에는 다소 가격이 부담스러울 수 있지만, 점차 전문적으로 작업해 나가고자 한다면 구매해도 좋은 제품입니다.

이 외에도 여건이 된다면 인쇄소에 방문하여 샘플이 인쇄되는 것을 직접 보고 상의하며 색상을 조절하는 인쇄 감리를 하러 가는 것도 방법입니다. 그러나 인터넷으로 주문하는 소량의 굿즈 제작으로는 인쇄 감리가 불가능한 경우가 많습니다. 이에 필자는 감리가 불가능한 경우 여러 실패의 경험을 통해 터득한, 약간의 색상 차이가 나더라도 큰 문제가 없는 실패율이 적은 색상 조합으로 작업하기도 합니다. 이렇게 계속해서 인쇄를 하고 또 실패하다 보면 내가 모니터로 본 것과 어떤 부분에서 차이가 크고 어떤 부분에 문제가 있었는지를 계속 숙지하며 데이터를 쌓을 수 있어 점차 오차를 줄여갈 수 있습니다.

> **팁**
>
> 작업을 하며 Color Picker에서 원하는 색상을 선택할 때에는, 항상 우측에 있는 CMYK 색상 값을 확인하는 습관을 들이는 것이 좋습니다. 눈으로만 색상을 확인하여 선택하면 여러 문제가 발생할 수 있기 때문입니다. 예를 들어, 채도가 높고 예쁜 노란색으로 인쇄하고자 Color Picker에서 원하는 색상을 골라도, 우연히 C가 1~2% 정도 섞여 들어갈 수 있습니다. 이럴 때 화면상에서는 아무 문제가 없어 보이지만, 실제로 인쇄된 결과물에서는 1%도 매우 큰 역할을 하여 아주 칙칙한 색상의 결과물이 나올 수도 있습니다.
> 또, CMYK 색상 값의 합이 250~300을 넘어갈 경우, 앞장의 인쇄가 덜 말라 뒷장에 묻어나오는 뒷묻음 현상이 발생할 수도 있습니다. 따라서 검은색을 선택할 때에도 눈으로 확인하고 클릭하여 C, M, Y, K가 모두 많이 섞인 검은색을 사용하는 것보다는, K를 100%로 설정해야 더 선명하게 인쇄되면서 뒷묻음 현상도 방지할 수 있습니다.

01-2 인쇄 도수

굿즈 디자인 파일을 제작하여 인쇄 업체에 제작 의뢰를 하다 보면 '1도 인쇄', '2도 인쇄', '4도 인쇄' 등 인쇄 도수와 관련된 용어를 볼 수 있습니다. 처음 접하면 어려워 보이지만 매우 쉬운 개념입니다. 그렇다면 인쇄 도수란 무엇일까요?

앞에서 배운 대로 CMYK는 C, M, Y, K의 총 네 가지 색상을 의미합니다. 이 네 가지 색상으로 된 각각의 잉크판을 이용하여 인쇄하면, 바로 우리가 흔히 알고 있는 컬러 인쇄가 되는 것입니다.

네 가지 색상을 섞어 인쇄하므로 이를 '4도 인쇄'라고 합니다. 굿즈 제작 시 가장 많이 사용하는 방식입니다. '1도 인쇄'는 우리가 흔히 알고 있는 흑백 인쇄라고 보면 됩니다. K만 사용하기 때문에 '1도'가 되는 것입니다.

즉, '단면 1도 인쇄'라고 하면 단면 흑백 인쇄를, '단면 4도 인쇄'라고 하면 단면 컬러 인쇄를 의미합니다. 또, 일반적인 명함이나 엽서처럼 앞면은 4도, 뒷면은 1도 인쇄를 한다면 이를 합쳐 '양면 5도 인쇄'라고 하고, 양면 모두 4도 인쇄를 하면 이를 합쳐 '양면 8도 인쇄'라고 합니다.

'2도 인쇄'는 독특한 느낌을 주고자 할 때 K와 C, M, Y 중 하나를 골라 총 두 가지를 활용하여 인쇄하는 방법인데, 굿즈 제작에서 많이 활용하지는 않습니다. 이 외에도 '별색 인쇄'라는 것이 있는데, CMYK 타입으로 구현이 어려운 형광색과 같은 색상을 인쇄하려면 따로 별색을 지정하여 인쇄를 할 수 있습니다. 그러나 필수적인 요소는 아니므로, 처음 굿즈를 제작할 때에는 꼭 필요한 부분이 아니라면 굳이 별색 사용을 추천하지는 않습니다.

01-3 재단

문구류는 대부분 종이에 먼저 인쇄를 하고, 크기에 맞춰 잘라내는 과정을 거치게 됩니다. 이를 재단이라고 합니다. 굿즈 작업을 할 때에는 항상 이 재단을 먼저 고려하고, 여유분을 미리 생각해서 제작해야 합니다. 그렇지 않으면 그림 작업을 마친 후에 다시 여러 번 수정해야 하는 문제가 생기기 때문입니다.

재단선을 고려하여 여분을 둬야 하는 이유는, 기계가 항상 한 치의 오차 없이 재단을 할 수는 없기 때문입니다. 가끔은 정해진 재단선보다 왼쪽으로 1mm 더 움직여서 잘릴 수도 있고, 오른쪽으로 2mm 더 움직여서 잘릴 수도 있습니다. 따라서 재단선 밖으로 더 넓게 그림 작업을 해두지 않으면 흰 종이가 보일 수도 있고, 그림을 재단선과 너무 가까이 그리면 그림이 잘려 나갈 수도 있습니다.

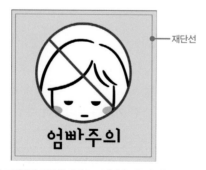

오차를 고려하여 재단선 바깥으로 넘어가도록 작업한 화면

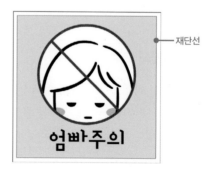

오차를 고려하지 않고 재단선에 딱 맞춰 작업한 화면

앞의 예시에서도 실제 엽서의 사이즈는 빨간 선으로 된 사각형이지만, 오차를 고려하여 재단선 바깥으로 약 3mm씩 여분을 두어 제작했습니다. 만약 오른쪽의 그림과 같이 재단선에 딱 맞게 작업하여 인쇄하는 경우, 재단에 약간의 오차가 생기면 엽서의 테두리에 흰색 종이가 그대로 보이는 문제가 발생할 수 있습니다. 이렇게 바깥으로 넘어가도록 그리는 것도 고려해야 하지만, 반대로 안쪽의 그림이 잘려 나가지 않도록 하는 것도 고려해야 합니다.

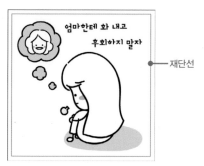 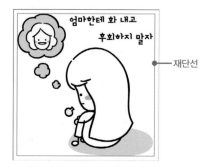

오차를 고려하여 재단선 내부에 여분을 두고 작업한 화면   오차를 고려하지 않고 재단선에 가깝게 작업한 화면

위의 예시는 배경이 흰색이므로 재단선 바깥으로 나가는 여분은 고려하지 않아도 되지만, 왼쪽의 예시의 경우 그림이 잘려 나가지 않도록 재단선 내부로 약 3mm씩의 여분을 두고 그림을 위치시켰습니다. 반면, 오른쪽의 예시와 같이 내부의 그림을 재단선과 너무 가깝게 그리면 재단에 오차가 생겼을 때 그림이 잘려 나갈 수도 있습니다.

테두리가 있는 디자인의 굿즈 작업을 한 화면

또, 예시와 같이 테두리가 있는 굿즈를 디자인했을 경우, 같은 원리로 재단선과 테두리 사이의 간격이 작업 화면에서처럼 일정하지 않을 수도 있습니다. 따라서 이런 디자인을 할 때에는 조금씩 삐뚤빼뚤할 수밖에 없다는 사실을 감안해야 합니다.

이와 같이, 재단선은 굿즈 제작에 많은 영향을 미치므로 항상 처음부터 재단선 안팎의 여분을 고려하여 작업 환경을 설정해두고 작업을 시작하는 것이 좋습니다. 또, 재단선과 관련하여 인쇄 업체마다 요구하는 매뉴얼이 있을 수 있으므로, 인쇄할 업체를 이미 선정했다면 그 업체에서 제공하는 틀에 맞추어 작업환경을 설정해놓고 작업을 시작하면 더 효율적으로 굿즈를 제작할 수 있습니다.

재단선을 고려하여 제작한 엽서 굿즈 결과물

01-4 후가공

후가공은 인쇄를 마친 후 인쇄물에 넣을 수 있는 다양한 효과를 말합니다. 후가공을 추가할수록 단가는 높아지지만, 다양한 후가공을 통해 굿즈의 개성을 살리거나 퀄리티를 높일 수도 있으며 색다른 아이디어도 실현해볼 수 있습니다. 재단선과 같이 후가공 또한 미리 파악하고 기획해놓아야 그에 맞춰 작업을 진행할 수 있습니다.

후가공은 종류도 다양하고 용어가 생소해서 처음에는 다소 어려움을 겪을 수 있지만, 알고 보면 매우 쉽습니다. 그렇다면 문구류 제작 시 활용할 수 있는 다양한 후가공의 종류를 하나씩 살펴볼까요?

• 도무송

도무송은 종이를 원하는 모양으로 잘라내는 가공 법입니다. 재단기로 표현할 수 없는 모양으로 종 이를 잘라내고자 할 때 사용할 수 있습니다. 도무 송을 하고자 할 때에는, 자르고 싶은 모양의 칼선 을 그려 그림 파일과 함께 업체에 보내야 합니다.

• 귀도리

귀도리는 사각형 모양으로 재단한 종이의 코너를 둥글게 라운딩해주는 가공법입니다. 사각형의 네 코너 중 일부만 귀도리 처리를 할 수도 있습니다.

• 타공

타공은 종이에 동그랗게 구멍을 뚫는 가공법입니 다. 타공을 넣고자 할 때에는, 구멍의 크기와 위 치를 표시하여 함께 업체에 보내야 합니다. 타공 크기는 주로 3mm~8mm 내에서 이뤄집니다.

• 오시와 접지

일반적인 리플렛이나 초대장처럼 종이를 접는 것 을 접지라고 하는데, 오시는 접지를 하기 전, 깔 끔하게 접지하기 위해 미리 넣는 가공법입니다. 접는 선에 압력을 가해 접지가 용이하도록 홈을 만드는 것입니다. 특히 두꺼운 종이를 접지할 경 우, 오시를 넣지 않고 종이를 접으면 종이가 터질 수도 있으므로 꼭 오시를 넣어야 합니다.

• 미싱

미싱은 점선 형태의 칼집을 넣는 가공법입니다. 주로 티켓이나 쿠폰 등의 절취선으로 많이 활용합니다.

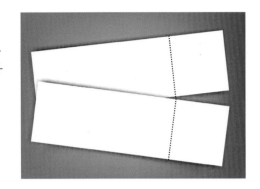

• 박

박은 종이에 금이나 은 등을 얇게 넣어주는 가공법입니다. 고급스럽고 독특한 효과를 주고자 할 때 주로 활용합니다.

• 형압

형압은 종이에 압력을 가해 엠보싱을 넣는 가공법입니다. 개성 있고 고급스러운 효과를 주고자 할 때 주로 활용합니다.

코팅은 종이 표면에 필름이나 약품을 입히는 작업입니다. 지류의 표면을 보호하거나, 더 적합한 인쇄 효과를 내기 위해 사용합니다. 다양한 코팅 방법이 있지만 문구류 굿즈 제작 시에는 일반적으로 유광라미네이팅 또는 무광라미네이팅을 사용합니다.

유광라미네이팅은 일반적으로 가장 많이 쓰이는 방식이며, 색상이 강조되고 보호력이 뛰어납니다. 무광라미네이팅은 고급스럽고 개성 있는 느낌을 줄 수는 있지만 유광라미네이팅보다는 긁힘에 보호력이 약합니다. 종이의 특성이 독특하거나, 너무 얇은 경우에는 코팅 처리가 불가능할 수도 있습니다.

> **팁**
>
> 종이에는 매우 다양한 재질과 두께가 있습니다. 또, 종이의 재질에 따라 같은 색이어도 인쇄되는 색상 표현이 달라지기도 합니다. 따라서 내가 기획한 굿즈에는 어떤 재질의 종이가 알맞을지, 얼마나 두꺼운 종이로 해야 좋을지를 잘 선택해야 합니다.
> 종이의 재질과 두께는 종이 샘플북을 직접 만져보며 선택하는 것이 좋습니다. 업체의 경우 종이 샘플을 요청하여 무료로 받을 수도 있지만, 개인의 경우 종이 샘플을 무료로 얻기 어렵다면 저렴한 종이 샘플북을 찾아 구매해도 좋습니다.

02　엽서 만들기

그러면 이제 엽서 만들기를 시작해보겠습니다. 엽서는 문구류 중 가장 기본이 되고 가장 쉬운 아이템이므로, 잘 익혀두면 같은 방법으로 다양한 굿즈를 제작할 수 있습니다. 앞에서 캐릭터를 그릴 때 진행했던 것과 비슷한 과정은 생략하고, 굿즈 제작 시 중요한 과정만 집중적으로 다루도록 하겠습니다. 먼저, 앞에서 그렸던 내 캐릭터와 그림들을 토대로 종이에 개성 있는 나만의 엽서 아이디어를 구상해보고 구도도 스케치해봅시다. 아이디어 스케치를 마쳤다면, 일러스트레이터 파일을 열어보겠습니다.

보통 일반적으로 우리가 알고 있는 엽서의 사이즈는 가로 100mm, 세로 148mm이지만, 여기서는 규격에서 벗어나 정사각형 크기로 엽서를 제작해보고자 합니다. 일반적인 사이즈는 소비자에게 친근한 느낌을 줄 수 있는 반면, 규격 사이즈에서 벗어난 새로운 비율은 소비자에게 독특한 재미를 줄 수 있습니다. 자신의 취향에 맞게 설정하면 됩니다.

엽서의 크기를 가로 100mm, 세로 100mm로 정하고, 사방으로 여분을 3mm씩 잡아서 가로 106mm, 세로 106mm로 아트보드 사이즈를 입력합니다. 이때 여분은 각 인쇄 업체마다 요구하는 크기가 다를 수 있으므로, 업체에서 요구하는 특정 사이즈가 있다면 그에 맞춰 설정합니다.

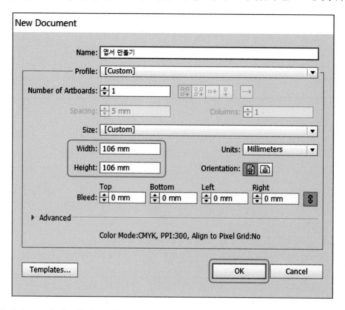

재단선 바깥 여백을 포함한 사이즈의 아트보드가 열렸습니다. 실제 엽서 사이즈보다 사방으로 3mm씩 더 큰 상태입니다.

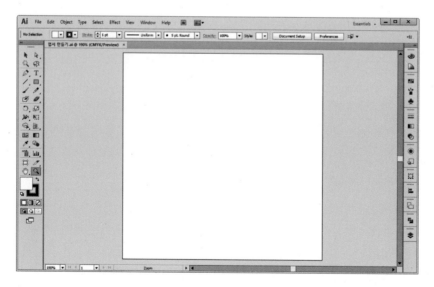

여분을 포함한 상태이므로 실제 엽서 사이즈로 재단선을 그려야 하는데 인쇄 업체에 그대로 넘길 것이므로 정확한 사이즈로 그려야 합니다. Rectangle Tool을 활성화시키고 아트보드를 클릭하여 가로 100mm, 세로 100mm로 사이즈를 입력하고 [OK] 버튼을 클릭합니다.

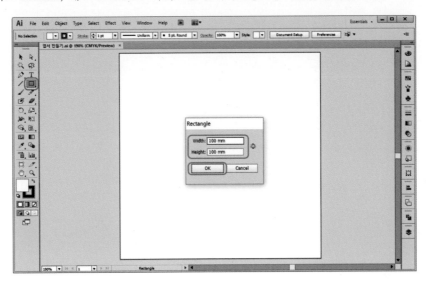

인쇄 업체에서는 재단선이 그려져 있는 대로 잘라주기 때문에 위치도 정확해야 합니다. 사각형을 선택하고, 컨트롤 바 또는 [Align] 패널에서 [Align to Artboard]을 클릭한 뒤 가로 가운데 정렬, 세로 가운데 정렬을 클릭합니다.

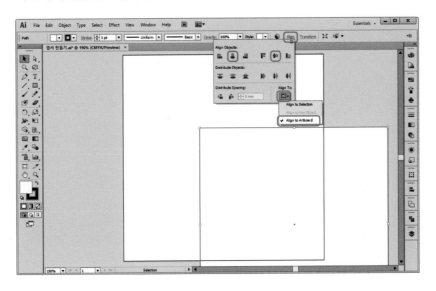

재단선은 잘라내는 선이므로 [Fill]을 항상 [None]으로 설정해야 합니다. 재단선임을 알 수 있도록 [Stroke]의 색상을 빨간색으로 설정하고, 헷갈릴 수 있으니 굵기를 조금 얇게 설정해줍니다. 재단선 [Stroke]의 색상은 인쇄 업체에서 요구하는 특정 색상이 있을 수도 있습니다. 보통 M 100%로 요구하는 곳이 많습니다. 요구하는 색상이 있다면 그에 맞춰 설정합니다.

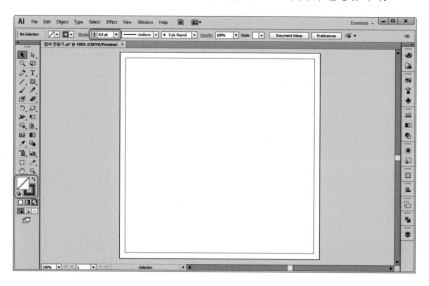

재단선은 고정되어 있어야 하는 오브젝트이고, 그림 작업을 해야 하므로 재단선을 그린 레이어를 잠그고 새 레이어를 만들어줍니다. 그리고 새 레이어를 드래그하여 재단선 레이어 아래로 내립니다. 이렇게 해야 그림 작업 위에 재단선이 보여 작업하면서 헷갈리지 않을 수 있습니다. 일단 러프 스케치를 하기 위해 새 레이어의 이름을 더블클릭하여 '러프스케치'로 바꿔줍니다.

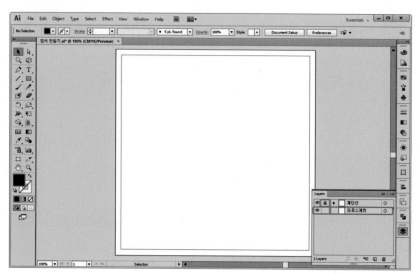

러프 스케치 레이어에 Paintbrush Tool이나 Pencil Tool로 종이에 스케치했던 아이디어를 그대로 러프 스케치합니다.

캐릭터 그릴 때와 같은 방법으로 러프 스케치를 모두 선택하고 [Opacity]를 20%로 설정합니다. Opacity는 개인 취향에 따라 조금 더 진하게, 또는 조금 더 연하게 설정해도 됩니다.

러프 스케치 레이어를 잠그고 그림을 넣을 새 레이어를 만듭니다. 그림 레이어에 배경색을 가득 채워 넣을 것인데, 배경색이 위로 오면 러프 스케치가 보이지 않으므로 그림 레이어를 드래그하여 맨 밑으로 내려줍니다.

Smart Guides가 활성화된 상태에서 Rectangle Tool로 배경색이 될 사각형을 아트보드에 딱 맞게 그려줍니다. 앞에서 배운 대로 재단선 바깥 여분까지 그림이 채워져야 하므로, 사각형을 재단선에 맞춰 그리는 것이 아니라 아트보드에 맞춰 그려야 합니다.

배경색이 될 사각형이므로 [Stroke]는 [None]으로 설정하여 없애주고 [Fill]을 원하는 색상으로 변경합니다.

이제 금지 표시를 만들기 위해 Ellipse Tool로 알맞은 크기의 원을 그리겠습니다. Shift 를 누른 채 그려 정원으로 그립니다. 적절한 곳에 위치시키고, [Align]으로 가로 가운데 정렬만 해줍니다. 그리고 [Stroke]는 없애고 [Fill]만 원하는 색상으로 설정합니다.

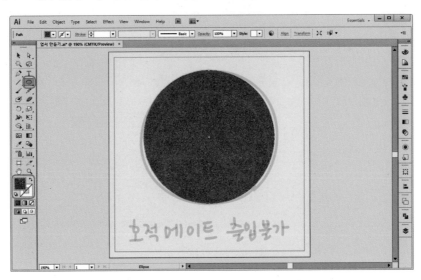

배경색 사각형과 방금 그린 원을 함께 선택하고 Pathfinder에서 [Divide]를 클릭합니다.

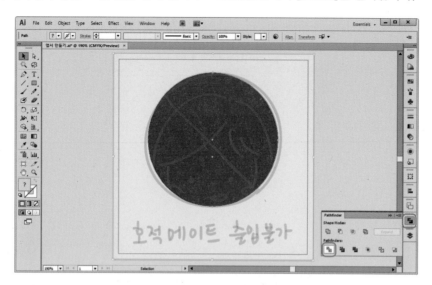

Divide로 나눈 오브젝트를 선택하고 마우스 오른쪽 버튼을 클릭하여 [Ungroup]을 선택합니다. 동그랗게 구멍이 뚫린 노란 사각형 하나와, 빨간 동그라미 하나로 오브젝트가 나뉘었습니다.

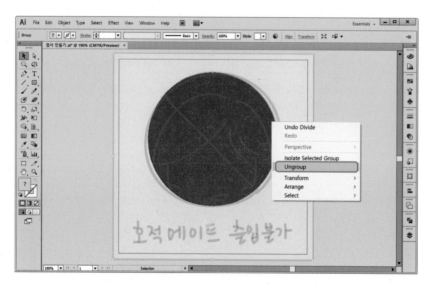

Swap Fill and Stroke는 오브젝트의 [Stroke]와 [Fill]의 색상을 서로 교환해주는 매우 간단한 기능입니다. 빨간색 원을 클릭하고 [Swap Fill and Stroke]를 클릭합니다. [Fill]은 없어지고 [Stroke]가 빨간색으로 바뀌었습니다. [Stroke]의 굵기를 조금 굵게 설정해줍니다.

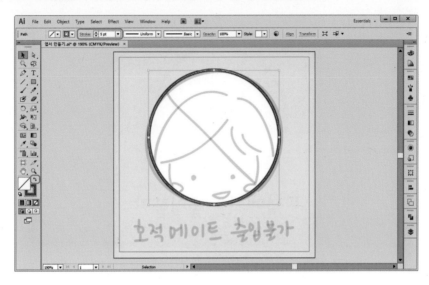

금지 표시의 라인을 그려주기 위해 Line Segment Tool을 활성화합니다. Smart Guides가 활성화되어 있는 상태에서 빨간 원의 가운데로 커서를 가져가면 center라는 문구가 뜨며 스냅이 걸립니다. 중심을 클릭하고 Alt와 Shift를 누른 채 선을 45도 각도로 그려줍니다.

Type Tool로 텍스트를 입력하고, 적절한 글씨체로 바꿔줍니다. 텍스트의 크기와 색상도 알맞게 설정한 후 적절한 위치에 놓습니다.

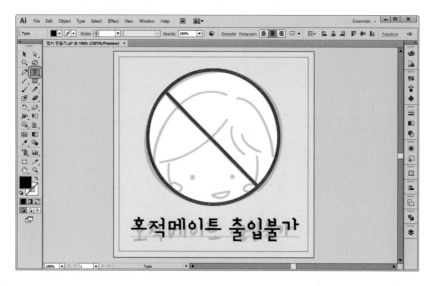

배경이 되는 부분을 모두 만들었으므로, 오브젝트가 이동하지 않도록 모두 선택하고 마우스 오른쪽 버튼을 클릭하여 [Group]을 선택합니다.

이제 동그랗게 뚫린 뒷부분에 그림을 넣어줄 차례입니다. 방금 그린 그림의 뒤로 들어가는 것이기 때문에, 새 레이어를 만들고 드래그하여 맨 아래로 내려줍니다. 레이어 이름을 바꿔 정리하고, 나머지 레이어는 모두 잠그고 새 레이어만 활성화합니다.

앞에서 배웠던 것과 같은 방법으로 다양한 툴을 활용하여 그림을 그려줍니다. 필자는 Paintbrush Tool을 선호하는 편이어서 Paintbrush Tool을 활용하여 그려주었습니다.

Selection Tool로 그림을 선택하여 적절한 위치로 이동합니다.

위치 설정이 끝나고 확정되었으면 변동되지 않도록 그림을 모두 선택하고 마우스 오른쪽 버튼을 클릭하여 [Group]을 선택합니다. 이렇게 엽서 하나가 완성되었습니다. 뒷면도 만들 수 있는데, 뒷면에는 글을 쓸 수 있는 칸 정도만 그려서 앞면은 4도, 뒷면은 1도로 제작하면 원가도 최소화하면서 양면 인쇄된 엽서를 만들 수 있습니다.

지금 만든 엽서와 같은 구도에 약간의 변화를 준 세트 상품을 만들면 매력 있는 아이템이 될 수 있습니다. 아트보드를 복사하기 위해 더 이상 필요 없는 러프 스케치 레이어는 눈을 꺼서 잠그고, 나머지 세 레이어는 모두 눈을 켜고 잠금도 해제합니다.

[Artboard Tool]을 클릭하고, 아트보드를 클릭한 뒤 Alt와 Shift를 누른 채 드래그하여 아트보드를 하나 복사합니다.

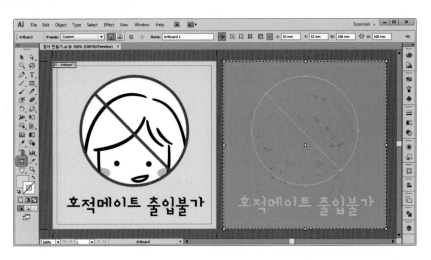

텍스트를 수정해보겠습니다. 이미 그룹으로 묶어놓았으므로, 그룹 안으로 들어가기 위해 그룹화한 오브젝트를 더블클릭합니다. 텍스트를 수정하기 위해 텍스트를 더블클릭합니다. 원하는 텍스트로 수정하고, 크기와 위치도 다시 조정합니다. Esc를 눌러 그룹 밖으로 나옵니다.

이번에는 얼굴의 표정만 바꾸기 위해 얼굴 그림을 더블클릭하여 그룹 안으로 들어갑니다. 눈과 입만 선택하고 Del를 눌러 삭제합니다.

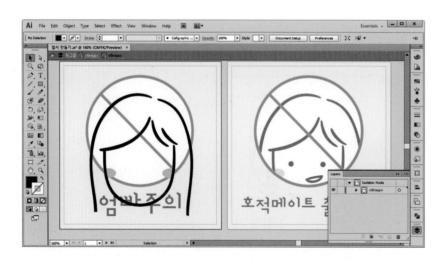

다양한 툴을 활용하여 눈과 입을 다시 그려줍니다. 다 그린 후 Esc를 눌러 그룹 밖으로 나옵니다.

비슷하지만 서로 다른 재미있는 디자인의 엽서 두 개가 완성되었습니다.

엽서 실물 사진

작업을 잘 마무리했어도, 인쇄 업체에 넘기기 전에 꼭 인쇄용 마무리를 해야 합니다. 가장 먼저 체크해야 할 일은 바로 텍스트를 그림화하는 Create Outlines입니다. 인쇄 업체에 내가 작업한 글씨체와 동일한 글씨체가 없으면 텍스트가 모두 깨지기 때문에, 전혀 다른 글씨체로 인쇄됩니다. 따라서 꼭 모든 텍스트를 선택하여 Create Outlines를 적용해야 합니다. 텍스트를 선택하고 마우스 오른쪽 버튼을 클릭하여 적용해도 되지만, 텍스트가 많을 경우 하나하나 선택하기 어려울 수도 있습니다.

이때는 메뉴 바에서 [Select] – [Object] – [Text Objects]를 클릭하여 모든 텍스트를 선택합니다.

그리고 바로 메뉴 바에서 [Type] – [Create Outlines]를 클릭하면 모든 텍스트가 그림화됩니다.

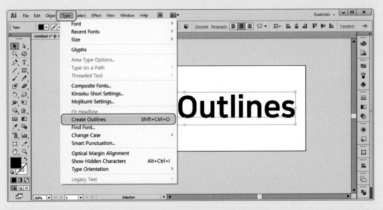

두 번째로 체크해야 할 것은 Overprint Fill입니다. Overprint Fill에 체크가 되어 있으면 그림이 겹친 부분마다 색상이 겹쳐져 인쇄됩니다. 따라서 의도한 것이 아니라면 꼭 메뉴 바에서 [Window] – [Attributes]를 클릭하고 [Attributes] 패널에서 [Overprint Fill]의 체크를 해제해야 합니다.

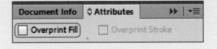

03 카드 만들기

이번에는 카드를 만들어보겠습니다. 얼핏 보면 카드는 엽서와 거의 동일할 것처럼 보이지만 그렇지 않습니다. 카드는 접힌 상태로 판매하고, 접힌 종이를 열어 그 안에 글을 쓰는 것이 목적인 아이템이므로 펼쳐지는 것을 고려해야 합니다. 따라서 아트보드도 펼쳐진 사이즈를 계산하여 열어야 하고, 접지가 될 부분에 오시도 넣어야 합니다. 또, 펼쳐진 상태에서 인쇄가 들어가므로 접었을 때에는 어떤 부분이 표지인지, 어떤 부분이 안쪽 면인지를 파악하며 작업해야 합니다.

그러면 이번에도 앞에서 그렸던 내 캐릭터와 그림들을 토대로 종이에 먼저 재미있는 아이디어를 구상해보고 구도도 스케치해보도록 합시다. 아이디어 스케치를 마쳤다면, 일러스트레이터 파일을 열어보겠습니다. 엽서와 동일한 과정은 모두 생략하고 다른 부분을 위주로 자세히 살펴보겠습니다.

카드는 엽서와 다르게 펼쳐지는 것을 고려하여 아트보드 사이즈를 계산해야 합니다. 먼저, 접었을 때의 사이즈를 정하고, 위로 여는 카드라면 세로 사이즈를 두 배로, 옆으로 여는 카드라면 가로 사이즈를 두 배로 계산합니다. 그 후 사방으로 여백을 더해야 합니다.

필자는 접었을 때의 카드 사이즈를 가로 90mm, 세로 90mm로, 그리고 옆으로 여는 카드로 계획했습니다. 따라서 펼쳤을 때의 사이즈는 가로 180mm, 세로 90mm입니다. 여기에 사방에 여백을 3mm씩 더해 가로 186mm, 세로 96mm로 열어보겠습니다.

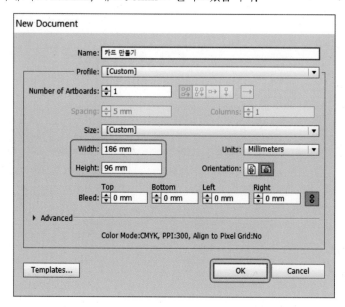

카드가 펼쳐진 상태에서 사방에 여백이 있는 사이즈의 아트보드가 열렸습니다. 카드는 펼쳐진 상태에서 인쇄와 재단이 된 후 접히는 것이므로, 처음에는 어색하겠지만 펼쳐진 면에 작업하는 것에 익숙해지는 것이 좋습니다.

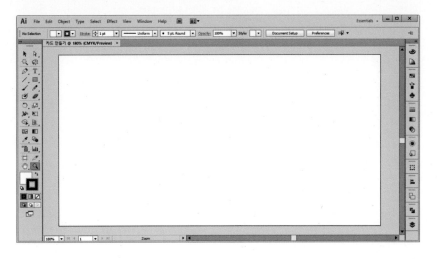

이제 재단선을 그릴 차례입니다. Rectangle Tool로 아트보드를 한 번 클릭하고 정확한 사이즈를 입력합니다. 사방으로 여백 3mm씩을 뺀 가로 180mm, 세로 90mm를 입력합니다.

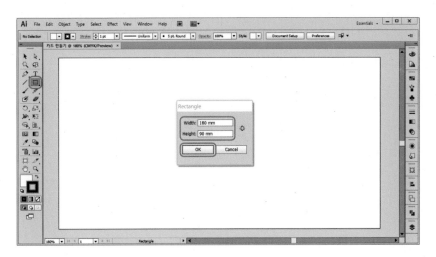

엽서를 만들 때와 동일한 방법으로 [Align] 패널에서 가로 가운데 정렬, 세로 가운데 정렬을 해줍니다. 그리고 [Fill]은 없애주고 [Stroke]의 색상과 굵기를 조정합니다.

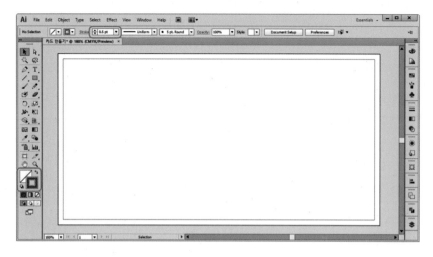

이제 카드의 가운데에 접히는 오시선을 넣어야 합니다. 카드의 오시선은 정가운데에 그려 넣어야 정확히 반으로 접힐 수 있습니다.

오시선을 그려주기 위해 Line Segment Tool을 활성화합니다. Smart Guides가 활성화된 상태에서 아트보드의 중심에 커서를 가져가 스냅이 걸리는 곳에 클릭합니다. 클릭한 상태에서 Alt 와 Shift 를 동시에 누르며 아래로 드래그하여 선을 그립니다. 이때 오시선은 아트보드 바깥으로 넘어가도록 여유롭게 그립니다.

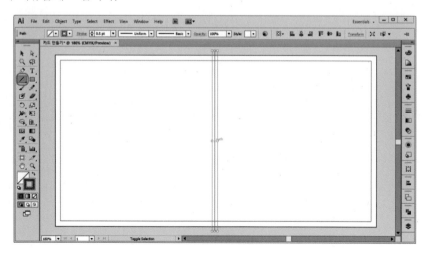

인쇄 업체에서도 오시선임을 확실히 확인하는 것이 좋으므로 Type Tool로 '오시'라고 텍스트를 넣어주고 [Fill] 색상을 재단선과 같은 색상으로 설정합니다. 만약 업체에서 요구하는 다른 매뉴얼이 있다면 그에 따라 적어줍니다.

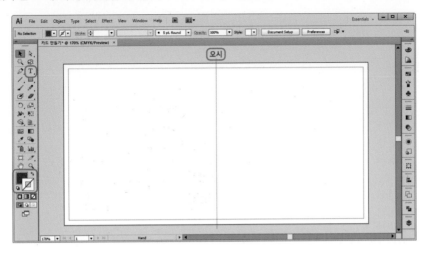

엽서를 만들 때와 동일한 방법으로 재단선과 오시선이 있는 레이어를 잠그고, 그 아래에 그림 레이어를 만들어 그림을 그려 넣습니다. 그림이 재단선에 너무 가까이 붙지 않도록 적절히 위치시킵니다. 그림을 바로 그리기가 어렵다면 아까와 마찬가지로 러프 스케치 레이어를 만들어 러프 스케치를 한 후 그림을 그려주면 됩니다. 동일한 과정이므로 생략하겠습니다.

텍스트도 알맞은 글씨체, 크기, 색상으로 설정하여 넣어줍니다. 카드의 표지 중 앞면이 완성되었습니다. 이 부분이 카드가 접혔을 때 보이는 표지입니다. 만약 펼침면이 어색한 경우 작게 종이를 잘라 접어보면 접혔을 때의 어느 면인지 이해하기 쉽습니다.

왼쪽은 카드를 접었을 때 표지의 뒷면이 됩니다. 앞면과 마찬가지로 그림과 텍스트를 알맞게 활용하여 넣어줍니다. 필자는 앞면의 디자인과 비슷한 느낌이면서도, 뒷면이므로 간단하고 작은 사이즈로 넣어보았습니다.

카드의 표지 부분 작업이 마무리되었습니다. 오른쪽에 표지 앞면의 오브젝트를 모두 선택하여 [Group]으로 묶어줍니다.

같은 표지이지만 앞면과 뒷면은 별개이기 때문에 뒷면의 오브젝트들은 따로 선택하여 그룹화했습니다. 만약 다 같이 묶고 싶다면 그룹 설정한 두 그룹을 선택하여 또 그룹화하면 됩니다.

표지는 마무리되었지만, 카드의 안쪽 면도 작업해야 합니다. 동일한 작업 환경이므로 아트보드를 복사하여 활용하기 위해 재단선과 그림 레이어의 잠금을 모두 해제합니다.

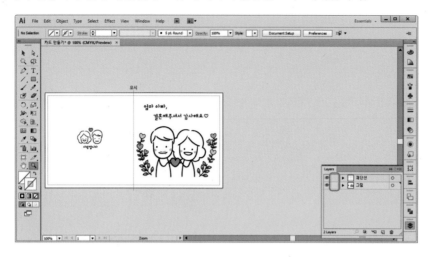

[Artboard Tool]을 클릭하고, 아트보드를 클릭한 뒤 Alt와 Shift를 누른 채 드래그하여 아트보드를 하나 복사합니다. '오시' 텍스트는 아트보드의 바깥에 있어 복사되지 않으므로 Ctrl+C, Ctrl+F 기능을 활용하여 복사합니다.

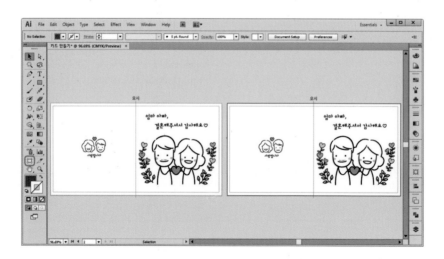

다시 재단선 레이어를 잠그고, 복사본의 그림 레이어에 있는 기존 그림을 모두 선택한 후 Del를 눌러 지워줍니다.

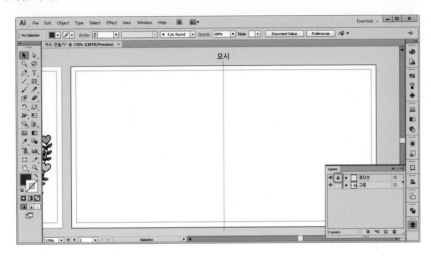

카드의 안쪽 면에 넣을 그림과 텍스트를 적절히 만들어 넣어줍니다. 필자는 안쪽에는 글을 쓸 수 있는 공간을 많이 남기고 심플하게 제작하기 위해, 많은 요소를 넣지 않고 간단히 마무리했습니다. 만약 안쪽에도 그림을 많이 넣고 싶다면 더 그려 넣어도 좋습니다.

만약 원가를 조금이라도 줄이고 싶다면 안쪽 면을 더 심플하게 디자인해 1도 인쇄로 진행해도 좋습니다. 필자는 작은 하트이지만 색상을 넣어 표지의 느낌을 이어가고자 뒷면도 4도 인쇄를 선택했습니다.

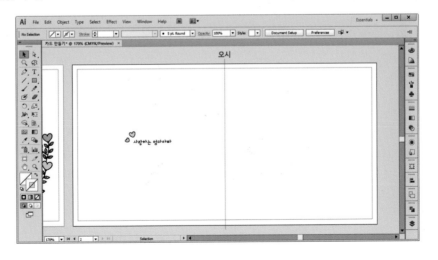

카드의 표지와 안쪽 면이 모두 완성되었습니다. 인쇄 업체에 넘기기 전, Create Outlines와
Overprint Fill을 반드시 확인합니다.

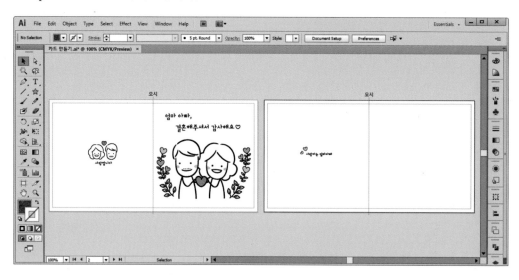

카드 실물 사진

04   스티커 만들기

이번에는 스티커를 만들어보겠습니다. 스티커도 그림을 그리는 과정은 엽서나 카드와 같지만, 가장 다른 점은 스티커를 뗄 수 있는 칼선이 있다는 점입니다. 칼선은 사각형, 원형처럼 기존에 있는 모양으로 만들 수도 있고, 원하는 모양으로 도무송을 해 넣을 수도 있습니다. 기존에 있는 모양으로 제작하면 도무송 칼 모양을 따로 제작하지 않아도 되므로 단가가 낮아집니다. 반면, 원하는 모양으로 도무송을 넣을 시 한 가지 칼 모양을 만들 때마다 추가 비용이 발생하는 대신 더 개성 있는 굿즈가 될 수 있습니다. 따라서 내가 원하는 디자인과 예산에 따라 스티커의 도무송 모양을 결정하면 됩니다.

스티커는 흰색 재질에 인쇄하려면 그림과 칼선만 작업해도 되지만, 투명한 재질에 인쇄하려면 흰색이 들어갈 백색 인쇄 영역을 추가로 작업해야 합니다. 백색 인쇄는 어려운 개념은 아니므로 하나씩 직접 따라해 보면서 배워보겠습니다.

사각형, 원형 등 기존에 있는 모양의 도무송 스티커나, 원하는 모양으로 자르는 도무송 스티커의 기본적인 원리는 똑같습니다. 그러나 원하는 모양으로 만드는 것이 더 어렵기 때문에, 이것을 예시로 작업해보겠습니다. 그러면 사각형이나 원형은 더 간단하기 때문에 매우 쉽게 만들 수 있습니다. 보통 스티커는 한 장에 도무송을 여러 개 넣어 제작하지만, 같은 과정의 반복이므로 예시로 도무송 한 개만 함께 연습해보겠습니다. 엽서나 카드와 동일한 과정은 모두 생략하고, 다른 부분을 위주로 자세히 살펴보겠습니다.

스티커 한 개가 들어갈 적당한 사이즈로 아트보드를 열어 스티커로 만들 그림을 그렸습니다. 스티커 한 개를 예시로 만드는 것이므로 재단선은 필요하지 않습니다. 그림을 그리는 부분은 엽서나 카드와 동일하므로 생략했습니다. 나만의 캐릭터를 활용하여 스티커로 만들 그림을 하나 그립니다.

이제 내가 그린 그림의 모양에 맞게 도무송 칼선을 만들 차례입니다. 그림을 그린 레이어 위에 도무송 칼선을 그릴 새 레이어를 만들어줍니다.

그림 레이어에 그린 그림을 모두 선택하여 Ctrl+C를 누른 후 레이어를 잠급니다. 그다음 도무송 레이어를 클릭하고, Ctrl+F를 눌러 같은 자리에 그림을 복사합니다. 눈으로 보기에는 그대로인 것처럼 보이지만, 같은 자리에 그림이 하나 더 복사되었습니다.

이제 선이 포함된 그림을 모두 면으로 만들 것입니다. 오브젝트를 모두 선택하고 메뉴 바에서 [Object]를 클릭합니다. [Expand]가 아직 활성화되지 않았으므로, 먼저 [Expand Appearance]를 클릭합니다.

다시 메뉴 바에서 [Object] – [Expand]를 클릭하고 Expand 창이 뜨면 [OK] 버튼을 클릭합니다.

Expand를 적용한 그림을 한 오브젝트로 만들기 위해 모두 선택하고 Pathfinder에서 [Unite]를 클릭합니다.

칼선의 위치를 고려하여 Unite로 합친 오브젝트의 [Stroke]를 아주 굵게 설정해줍니다. [Stroke] 굵기의 반 정도가 그림과 칼선 사이의 여백이 된다고 보면 됩니다. 중간에 선이 삐죽삐죽하게 튀어나와 있는 것은 선을 두껍게 하다 보니 서로 만나면서 삐져나온 것입니다.

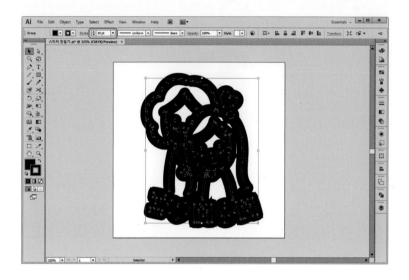

오브젝트를 모두 선택하고 Stroke 패널에서 [Cap]과 [Corner]를 동그란 모양으로 바꿔줍니다. 삐죽삐죽하게 튀어나온 부분 없이 둥글둥글하게 오브젝트의 테두리가 모두 정리된 것을 볼 수 있습니다.

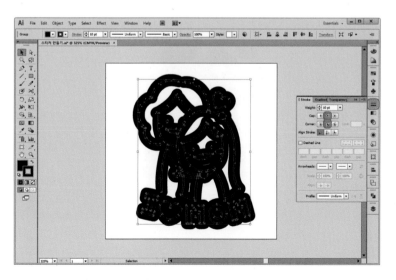

굵게 설정한 선 자체를 다시 면으로 만들 차례입니다. 오브젝트를 모두 선택하고 다시 메뉴 바에서 [Object] − [Expand]를 클릭하고 Expand 창이 뜨면 [OK] 버튼을 클릭합니다.

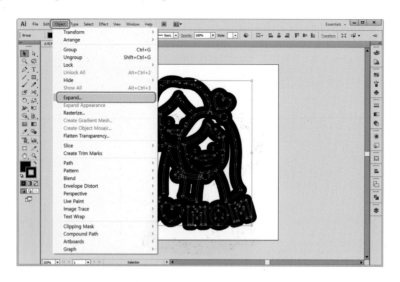

잘게 쪼개져 있는 면들을 모두 하나의 면으로 만들어주기 위해서 오브젝트들을 모두 선택하고 Pathfinder에서 [Unite]를 클릭합니다.

하나의 면이 되었지만 비어있는 구멍이 있습니다. 하나의 오브젝트로 만들기 위해 구멍이 없도록 Blob Brush Tool로 빈 곳을 색칠해줍니다. 이때, 테두리 밖으로 나가면 테두리 라인의 모양이 완전히 바뀌므로, 절대 테두리 밖으로 나가지 않도록 주의하며 색칠합니다.

마지막으로 하나의 면으로 만들어주기 위해 오브젝트들을 모두 선택하고 다시 Pathfinder에서 [Unite]를 클릭합니다. 이제 스티커의 도무송 모양으로 된 오브젝트가 완성되었습니다.

오브젝트를 선택하고 [Swap Fill and Stroke]를 클릭해 [Fill]과 [Stroke] 색상을 교환하면 도무송 모양이 확인됩니다. 이 모양으로 스티커의 테두리가 잘리는 것입니다.

재단선을 만들었을 때와 마찬가지로 색상과 굵기를 조정합니다. 그런데 만약 도무송 모양이 지나치게 복잡하고 꼭짓점이 많으면 인쇄 업체에서 제작이 불가능하다며 수정을 요청할 수 있습니다. 또, 깔끔하게 정리된 모양보다는 조금 더 둥글둥글한 느낌을 개인적으로 선호할 수도 있습니다. 필자는 후자를 더 선호하는 편인데, 조금 더 부드러운 느낌으로는 어떻게 만드는지 살펴보겠습니다.

앞에서 그렸던 도무송 칼선을 지우고, Paintbrush Tool로 그림의 테두리에 여백을 남기고 적당히 라인을 그립니다.

Direct Selection Tool로 점을 수정하며 모양을 다듬다가 점이 더 필요하면 [Pen Tool]을 길게 눌러 [Add Anchor Point Tool]로 점을 추가하고, 삭제하고 싶으면 [Delete Anchor Point Tool]로 삭제하면서 깔끔하게 다듬어줍니다.

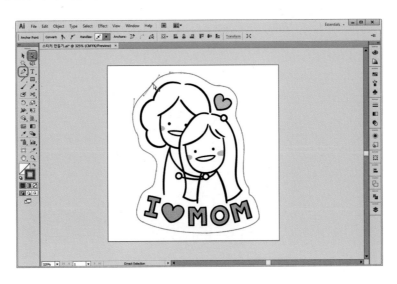

조금 더 둥근 느낌의 도무송 칼선이 마무리되었습니다. 이렇게 스티커 한 개를 만든 방식으로 여러 개를 만들어 배치하면 스티커 한 장이 됩니다. 만약 흰색이 아닌 투명 재질에 인쇄하려면 앞에서 언급했던 백색 인쇄 영역이 추가로 필요합니다. 이대로 스티커를 투명 재질에 인쇄하면, 캐릭터 뒤에 흰색으로 색칠된 부분 없이 까만 선만 있게 됩니다. 따라서 투명 스티커 제작 시에는 흰색을 인쇄할 백색 인쇄 영역을 따로 제작하여 인쇄 업체에 추가로 넘겨야 합니다.

백색 인쇄 영역을 만들어보겠습니다. 도무송 칼선과 그림 레이어를 잠그고, 새 레이어를 만들어 줍니다. 새 레이어를 드래그해 맨 아래로 내리고, 이름을 변경해 레이어를 정리합니다.

흰색으로 색칠되어야 할 부분을 Blob Brush Tool로 색칠하고 Direct Selection Tool로 다듬어줍니다. 색칠할 때 헷갈리지 않기 위해 눈에 띄는 색으로 작업한 것이므로, 어떤 색상으로 해도 괜찮습니다. 백색 인쇄는 흰색으로 색칠할 부분에만 해도 되지만, 투명 스티커 제작 시에 다른 색상의 뒤에도 백색 인쇄를 한 뒤 색을 넣으면 더 선명하게 인쇄됩니다. 따라서 그림이 너무 얇은 부분을 제외하고는 모두 백색 인쇄를 하는 것이 좋습니다.

아까 그렸던 그림의 뒤에도 모두 백색 인쇄를 함께해주기 위해서 그림 레이어의 잠금을 풀고 그림을 모두 선택하여 Ctrl+C를 누른 후 다시 레이어를 잠급니다. 그다음 백색 인쇄 레이어를 클릭하고, Ctrl+F를 눌러 같은 자리에 그림을 복사합니다.

도무송 칼선을 만들 때와 같은 방법으로 복사한 그림에 Expand를 적용하여 모두 합쳐줄 것입니다. [Expand]가 활성화되지 않았으므로 먼저 [Expand Appearance]를 해줍니다.

이어서 다시 메뉴 바에서 [Object] − [Expand]를 클릭하고 Expand 창이 뜨면 [OK] 버튼을 클릭합니다.

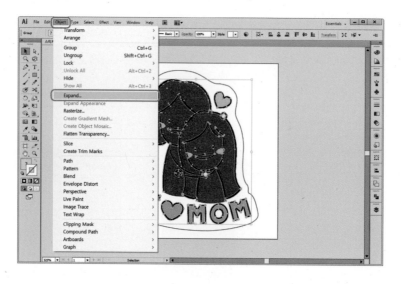

아까 색칠했던 면과 방금 Expand를 적용한 오브젝트를 모두 선택하고 Pathfinder에서 [Unite]를 클릭하여 합쳐줍니다.

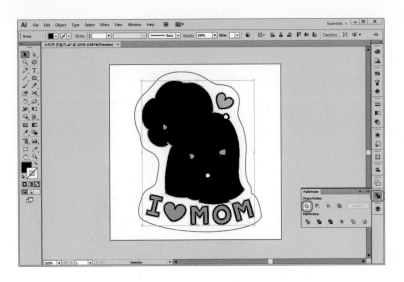

백색 인쇄 영역 제작이 마무리되었습니다. 이 모양대로 흰색으로 인쇄를 한 후 그 위에 그림을 인쇄하면 그림이 선명하게 인쇄되면서, 캐릭터의 뒤에 흰 색상도 들어가게 됩니다.

백색 인쇄 영역은 보통 K 100%로 설정해야 하며, 파일을 따로 인쇄 업체에 넘겨야 합니다. 따라서 아트보드를 분리하기 위해 도무송과 그림 레이어의 눈을 끄고 잠근 뒤, 백색 인쇄 레이어만 눈을 켜고 잠금 해제합니다.

[Artboard Tool]을 클릭하고, 아트보드를 클릭한 뒤 [Alt]와 [Shift]를 누른 채 드래그하여 아트보드를 하나 복사합니다. 백색 인쇄 레이어만 복사되었습니다. 왼쪽의 아트보드에 있는 백색 인쇄 영역은 지우고, 오른쪽 아트보드에 있는 그림과 도무송 칼선을 지우면 파일이 정리됩니다. 이렇게 인쇄 업체에 넘기면 스티커가 무사히 제작됩니다. 인쇄 업체마다 레이어를 어떻게 나눌지, 파일을 어떻게 분리할지에 대한 매뉴얼이 조금씩 다를 수 있지만, 원리는 모두 동일하므로 이제 어렵지 않게 업체의 매뉴얼에 맞춰 제작할 수 있을 것입니다.

앞에서 작업했던 방식으로 스티커를 여러 개 만들어 스티커 전체 한 장의 작업을 마무리한 화면입니다. 필자는 제목 부분도 함께 인쇄했습니다. 스티커의 그림과 도무송 칼선, 백색 인쇄 부분을 모두 마무리한 뒤, 전체 스티커 한 판의 사이즈를 정하고 엽서와 같은 방식으로 테두리에 재단선을 넣어 마무리하면 됩니다. 인쇄 업체에 넘기기 전, Create Outlines와 Overprint Fill도 꼭 확인합니다.

잘 살펴보면 도무송은 16개이지만 그림은 더 많습니다. 이렇게 제작하면 도무송의 비용을 줄이고 도무송 사이의 여백은 유지하면서, 허전한 부분 없이 높은 퀄리티로 제작할 수 있습니다. 또, 소비자가 칼선이 없는 부분의 그림도 가위로 잘라서 활용할 수 있기 때문에 알찬 굿즈가 됩니다.

백색 인쇄는 그림 부분에는 다 넣었지만, 너무 얇은 글씨와 같은 부분에는 넣지 않은 것을 볼 수 있습니다. 너무 얇은 부분에는 백색 인쇄와 컬러 인쇄가 정확히 맞지 않아 흰색이 삐져나오는 오차가 발생하여 오히려 퀄리티가 떨어질 수 있으므로 굳이 백색 인쇄를 넣지 않는 것이 좋습니다.

스티커 실물 사진

팁

재단선의 안팎으로 항상 여유가 필요하듯이, 도무송 칼선도 마찬가지입니다. 도무송도 모양이 있는 재단선과 같은 개념이기 때문입니다. 따라서 오차가 생길 수밖에 없기 때문에 그림에 너무 가깝게 칼선을 넣으면 그림이 잘릴 수도 있고, 도무송끼리도 너무 붙어있으면 제작이 불가능합니다. 또, 스티커 전체 재단선과 도무송 칼선 사이에도 여백이 필요합니다.

업체마다 요구하는 여백의 사이즈에 조금씩 차이가 있을 수는 있지만 평균적으로 도무송 칼선과 그림 사이의 여백은 2~4mm, 도무송 칼선끼리의 여백은 4~5mm, 재단선과 도무송 칼선 사이의 여백은 4~5mm 이상을 요구합니다. 따라서 처음부터 이에 맞춰 작업하면 문제없이 스티커를 제작할 수 있습니다.

05 마스킹테이프 만들기

이번에는 마스킹테이프를 만들어보겠습니다. 마스킹테이프는 앞에서 만들었던 굿즈들과는 조금 다른 형태이지만, 원리는 동일하고 업체에서 제작 템플릿을 대부분 제공하므로 매우 쉽습니다. 이제는 재단선의 개념을 모두 이해했기 때문에, 업체 템플릿을 보면 어떻게 작업하면 될지 쉽게 파악하여 맞춰 제작할 수 있습니다. 마스킹테이프의 가장 기본적인 템플릿 형태를 직접 만들어 연습해보겠습니다.

마스킹테이프에는 여러 종류의 사이즈가 있습니다. 보통 12mm, 15mm, 20mm, 25mm 사이즈로 많이 제작합니다. 12mm 두께로 만들기 위해 위아래 여백을 1mm씩 추가해 세로 사이즈를 14mm로 입력하겠습니다. 가로로는 같은 그림이 계속 반복 인쇄되는 것이기 때문에 한 번 반복될 그림만 제작하여 인쇄 업체에 넘기고, 여백도 따로 필요하지 않습니다. 가로 사이즈는 적당히 150mm로 입력하겠습니다.

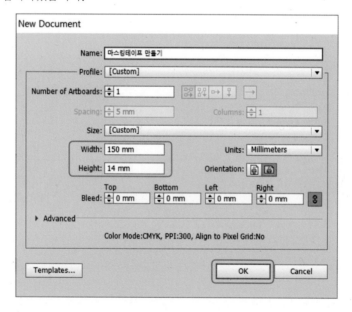

위아래에 재단선을 그려보겠습니다. 앞에서도 언급했듯이, 마스킹테이프는 가로로 계속 반복 인쇄되는 굿즈이므로 양옆에는 재단선이 필요하지 않습니다. 위아래로 1mm씩 떨어진 재단선을 그리기 위해 먼저 Rectangle Tool로 가로 1mm, 세로 1mm 사이즈의 보조 사각형을 그립니다.

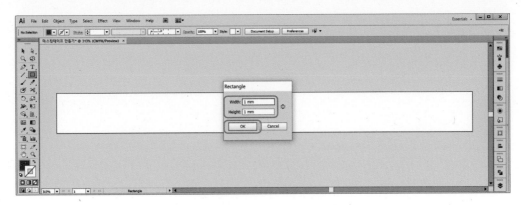

재단선 위치를 잡기 위한 보조 사각형이므로, 사각형을 선택하고 컨트롤 바 또는 Align 패널에서 [Align to Artboard]을 클릭한 뒤 왼쪽 정렬, 위쪽 정렬을 클릭합니다.

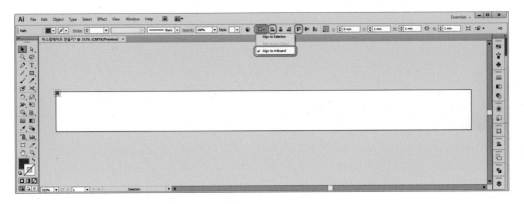

Smart Guides를 활성화하고 Line Segment Tool로 사각형의 아래 선에 딱 맞게 재단선을 그립니다. 아트보드의 맨 왼쪽에서부터 시작하여 Shift를 누른 채 드래그하여 아트보드의 오른쪽 끝까지 그려줍니다.

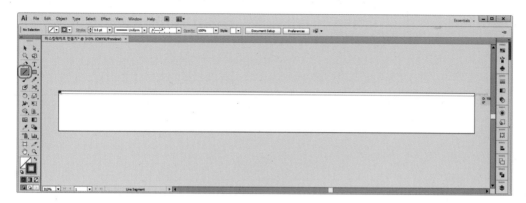

Alt와 Shift를 누른 채 보조 사각형을 아래로 드래그해 아트보드의 아래 선에 맞춰 보조 사각형을 하나 복사합니다. 그리고 그 사각형의 윗부분에 맞춰 재단선도 하나 더 복사해줍니다. 계속 Smart Guides가 활성화된 상태에서 작업하면 모두 정확한 위치에 복사할 수 있습니다.

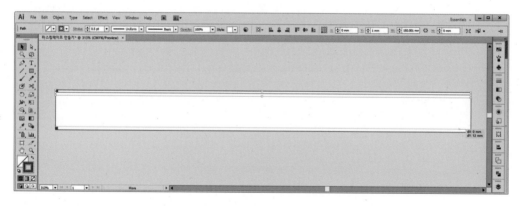

앞에서 했던 것과 마찬가지로 재단선의 색상과 굵기를 조정하고, 보조사각형은 지워줍니다. 재단선 레이어를 잠근 뒤 그 아래에 그림을 넣을 새 레이어를 만들어줍니다.

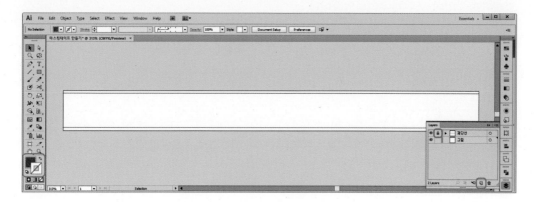

새 레이어에 재단선 안쪽으로 원하는 그림을 그려 넣습니다.

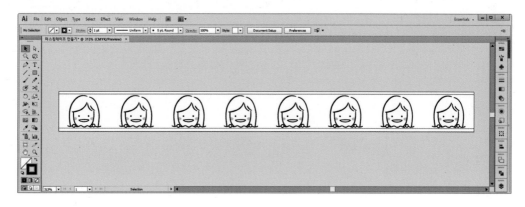

그림 작업이 마무리되면 모두 선택하여 그룹화합니다. 이 그림이 계속 반복되어 마스킹테이프가 되는 것입니다. 인쇄 업체에 넘기기 전 Create Outlines와 Overprint Fill도 확인합니다. 마스킹테이프 작업이 모두 마무리되었습니다.

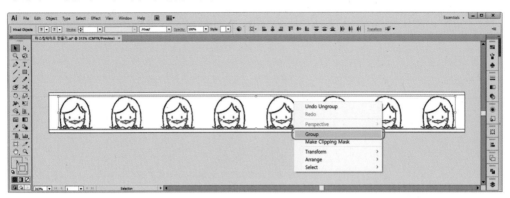

작업에 집중하다 보면 점점 더 줌인하여 세심하게 작업하게 되기 쉽습니다. 그러다 보면 얼마나 확대된 상태인지 모르고 매우 얇은 선이나 작은 글씨를 사용하기도 합니다. 그러나 너무 작거나 얇은 오브젝트는 막상 인쇄를 하면 잘 보이지 않을 수도 있습니다. 인쇄 업체와 인쇄 기기의 역량에 따라 같은 파일도 다르게 인쇄될 수 있지만, 되도록 너무 얇은 선이나 작은 글씨는 사용하지 않는 것이 위험 부담을 줄일 수 있습니다.

마스킹테이프 실물 사진

메모지는 작업 과정이 엽서와 거의 똑같아 아주 쉽게 만들 수 있습니다. 엽서는 한 장이고 메모지는 여러 장이라는 것만 다르지만, 이는 업체에서 제작할 때에 달라지는 것이므로 일러스트레이터 작업 과정은 엽서와 동일합니다. 단지 종이 재질, 사이즈, 장수, 메모지의 종류만 선택하면 됩니다. 과정은 동일하므로 모두 생략하고 최종 이미지만 살펴보겠습니다.

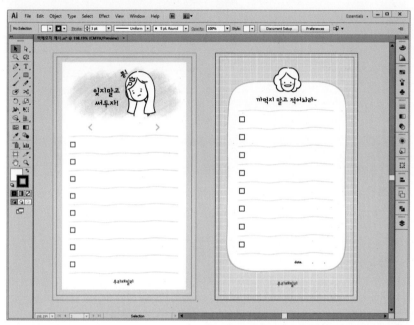

떡메모지의 작업을 완료한 화면입니다. 떡메모지는 한 장씩 뜯어 쓸 수 있는 접착력이 없는 메모지입니다. 떡메모지의 사이즈를 정하고, 사방으로 여백을 두고 재단선을 넣었습니다. 그리고 재단선 바깥 여유 공간까지 넘어가도록 원하는 디자인을 그려 넣었습니다. 종이 두께나 장수는 원하는 대로 선택하면 됩니다. 필자는 장수를 많이 넣어 통통하게 제작했습니다.

떡메모지 실물 사진

이번에는 접착메모지의 최종 작업 이미지를 살펴보겠습니다.

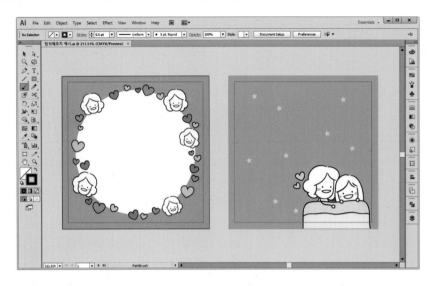

접착메모지의 작업을 완료한 화면입니다. 접착메모지도 엽서, 떡메모지와 모두 동일하게 작업한 것을 확인할 수 있습니다. 장수와 사이즈는 마찬가지로 원하는 대로 선택하여 제작하면 됩니다. 필자는 조금 작은 사이즈로 얇게 제작하였습니다.

팁

작업을 하다 보면 갑자기 Color Picker 창에서 아무리 원하는 색을 선택해도 색상이 변하지 않거나, 흑백으로만 나타날 때가 있습니다. 이럴 때는 당황하지 말고 컨트롤 바 좌측 상단에 있는 색상을 클릭해 다른 색상을 한 번 선택하고 나면 해결됩니다.

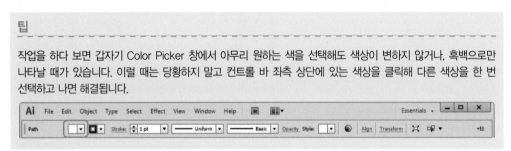

접착메모지 실물 사진

02 생활용품 제작하기

문구류를 마스터했으니, 이제 생활용품을 제작해보겠습니다. 생활용품은 약간 의 차이점만 있을 뿐, 전체적인 원리는 문구류와 비슷하기 때문에 이제 쉽게 제 작할 수 있습니다. 그러면 생활용품의 핵심 아이템들만 쏙쏙 골라 각 아이템을 만들기 위해 꼭 알아야 할 기술을 배워보고 하나씩 함께 만들어보겠습니다.

01 손거울, 스마트톡, 핀 배지

생활용품 중에는 가장 먼저 가볍게 손거울, 스마트톡, 핀 배지를 만들어보겠습니다. 각각 다른 굿즈들이지만 한꺼번에 묶은 이유는 제작 과정이 모두 똑같기 때문입니다. 인쇄하여 동그란 버튼형 앞면에 입히는 것은 동일하고, 뒷면에만 차이가 있어 용도만 달라진다고 보면 이해하기 쉽 습니다. 같은 원리로 자석도 만들 수 있습니다.

먼저 버튼형 굿즈들의 재단 방법과 후가공에 대해 간단히 살펴보고, 손거울을 먼저 샘플로 만들 어보겠습니다.

01-1 재단 방법

손거울, 스마트톡, 핀 배지, 자석 등 버튼 형 굿즈들은 입체적이기 때문에 달라 보이 지만 큰 틀은 문구류와 똑같습니다. 문구 류 굿즈들이 인쇄물을 재단하는 것으로 끝 이라면, 버튼형 굿즈들은 인쇄물을 재단한 후 입히는 과정만 추가된다고 생각하면 쉽 습니다. 따라서 감싸 입히기 위한 여유분이 조금 더 필요합니다.

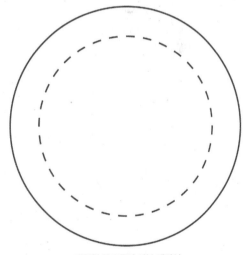

버튼형 굿즈들의 기본 재단선

기본적인 버튼형 굿즈들의 재단선은 앞의 예시와 같습니다. 실선이 재단선이고, 점선이 실제 굿즈의 사이즈입니다. 점선에서부터 접혀서 뒤로 감싸 입히는 것입니다. 보통 형태는 원형이므로 재단선을 원형으로 그린 뒤, 재단선보다 여유롭게 바깥 사각형까지 작업하면 됩니다. 버튼형 굿즈들 또한 문구류처럼 작은 오차가 생길 수 있는 것은 감안하여 작업해야 합니다.

01-2 코팅

버튼형 굿즈들은 보통 후가공으로 코팅 작업을 합니다. 문구류에서 살펴봤던 것과 같이 굿즈의 표면을 보호하거나, 더 적합한 인쇄 효과를 내기 위해 사용합니다. 일반적으로 유광 코팅과 무광 코팅 중 선택하여 가공할 수 있습니다. 유광 코팅은 깔끔하고 매끈한 마감을 하기 위해 활용하며, 무광 코팅은 고급스럽고 은은한 느낌을 주고자 할 때 사용합니다. 지류와 마찬가지로 무광 코팅은 유광 코팅보다는 보호력이 약할 수 있습니다. 여러 가지 장단점을 고려하여 내 굿즈의 분위기에 맞는 후가공을 선택합니다.

01-3 손거울, 스마트톡, 핀 배지 만들기

손거울은 같은 사이즈로 두 가지 디자인을 만들어보겠습니다. 지름 58mm 크기의 손거울을 제작할 예정입니다. 사방으로 여분을 6mm씩 추가하여 가로 70mm, 세로 70mm 크기의 아트보드를 두 개 열어보겠습니다.

아트보드에 딱 맞는 원을 그려 재단선을 만들 차례입니다. Smart Guides를 활성화하고 Ellipse Tool로 아트보드의 중심에서 시작하여 Alt와 Shift를 동시에 누르며 그려주거나, 아트보드를 클릭하여 지름 70mm 크기의 원을 만든 후 가운데 정렬합니다. 어떤 방법으로든 편한 방법으로 선택하여 만들면 됩니다. 원을 그린 후 색상과 굵기를 조절합니다.

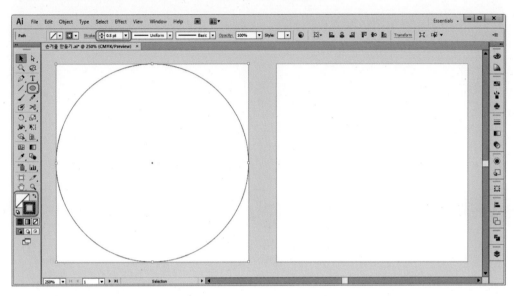

앞에서 살펴봤듯이 손거울 제작 방법은 인쇄물을 감싸 입히는 개념이므로 재단선 안쪽의 여분이 넓습니다. 실제 손거울의 크기로 내부에 선을 하나 더 그려주기 위해 Ellipse Tool로 지름 58mm 크기의 원을 하나 더 만들어줍니다.

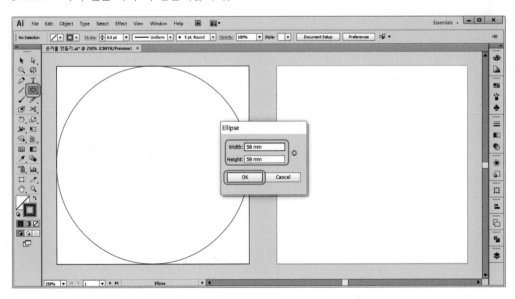

원을 선택하고, 컨트롤 바 또는 Align 패널에서 [Align to Artboard]을 클릭한 뒤 가로 가운데 정렬, 세로 가운데 정렬을 클릭합니다. 선의 색상과 굵기는 Eyedropper Tool을 활용하여 바깥 재단선과 동일하게 설정합니다.

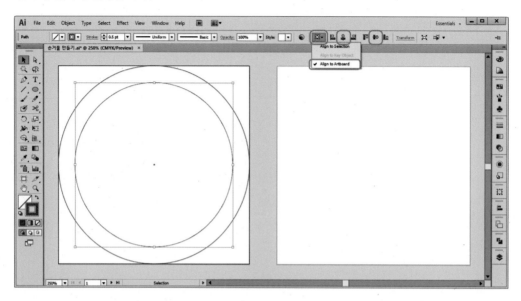

안쪽의 작은 원은 실제 인쇄물의 재단선이 아니라 굿즈 결과물의 크기를 보여주는 보조선이므로 점선으로 바꿔줍니다. 작은 원을 선택하고 Stroke 패널에서 [Dashed Line]에 체크한 후, [dash]에 5pt를 입력해 적절한 간격의 점선으로 만들어봅니다.

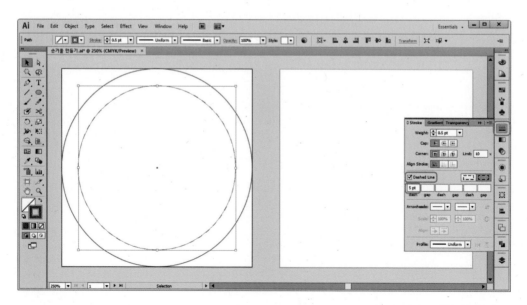

둘 다 똑같은 사이즈의 손거울이므로 재단선을 그대로 복사하기 위해 Ctrl+C, Ctrl+F 기능을 활용하여 오른쪽의 아트보드에도 같은 자리에 재단선을 복사해줍니다.

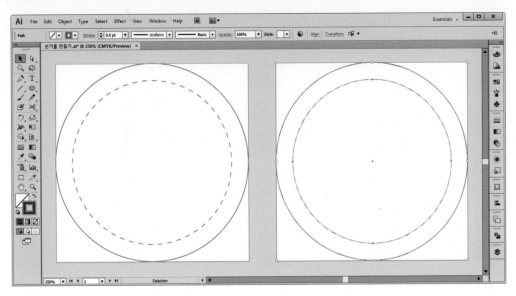

재단선이 마무리되었으니 재단선 레이어를 잠그고 그 아래 그림 레이어를 새로 만들어 레이어를 정리합니다.

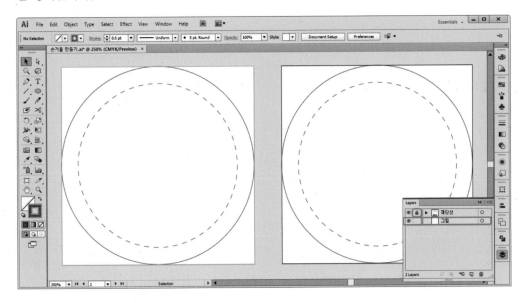

Smart Guides를 활성화하고 Rectangle Tool로 아트보드의 좌측 상단에서부터 시작하여 Shift를 누른 채 정사각형을 아트보드에 딱 맞게 그려줍니다. 배경색이 될 사각형이므로, [Stroke]는 없애고 [Fill] 색상은 기획한 디자인에 맞춰 조정합니다.

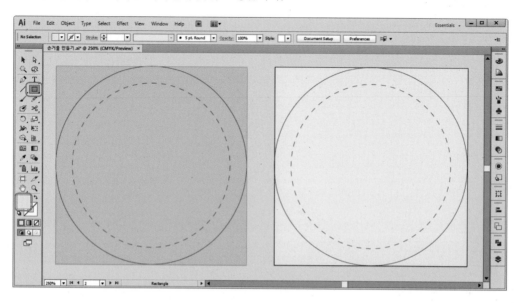

이제 그림을 그려 넣어줍니다. 점선까지가 실제 손거울이므로, 점선의 내부에 알맞은 크기로 그림을 그려줍니다. 잘리면 안 되는 디자인인 경우 점선 내부로 여유를 두고 배치하고, 손거울의 바깥까지 그림이 이어져야 하는 패턴과 같은 디자인인 경우 바깥 실선까지 이어지도록 그려줍니다.

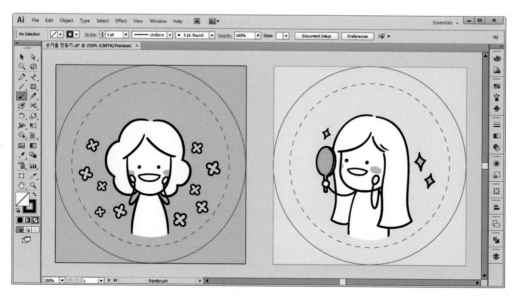

텍스트가 필수적인 요소는 아니지만, 필자는 텍스트가 있는 디자인을 구상했기 때문에 텍스트를 넣어보겠습니다. 손거울이 동그랗기 때문에, 동그란 모양에 맞춰 텍스트를 넣는 기능을 새로 배워보겠습니다. 먼저 텍스트를 넣기 전에 보조원을 그려보겠습니다. 작은 정원을 그린 후 원을 선택하고, 컨트롤 바 또는 Align 패널에서 [Align to Artboard]을 클릭한 뒤 가로 가운데 정렬, 세로 가운데 정렬을 클릭합니다.

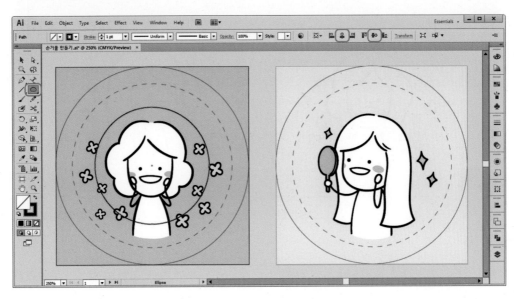

[Type Tool]을 길게 눌러 [Type on a Path Tool]을 선택합니다. Type on a Path Tool은 패스 위에 그 패스의 모양으로 텍스트를 넣을 수 있도록 해주는 툴입니다.

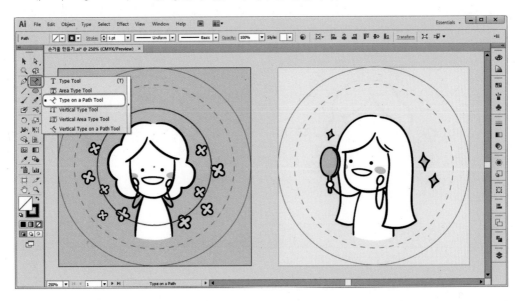

Type on a Path Tool이 활성화된 상태에서 보조원을 클릭합니다. 원 모양으로 텍스트를 입력할 수 있도록 선이 변경되는 것을 볼 수 있습니다.

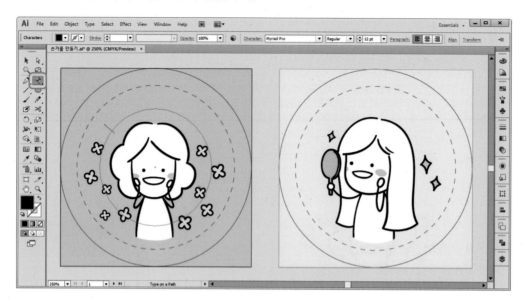

원하는 텍스트를 입력하면 보조원 모양 위에 그 모양에 맞춰 텍스트가 써집니다. 텍스트 입력이 마무리되면 Esc를 눌러 텍스트 입력에서 벗어난 다음 Selection Tool로 크기와 위치를 조정합니다.

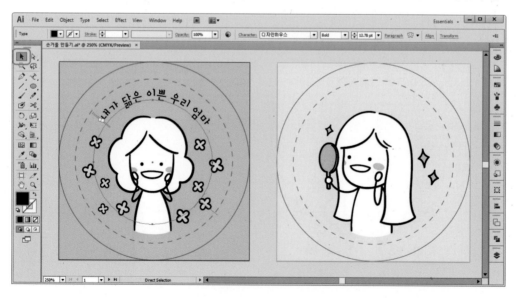

그런데 Type on a Path Tool로 텍스트를 입력하면, 글씨체에 따라 정리가 안 되어 보이는 글자가 있을 수 있습니다. 이런 글자들의 위치를 미세 조정해 정리하기 위해 텍스트를 선택하고 마우스 오른쪽 버튼을 클릭하여 [Create Outlines]를 선택합니다.

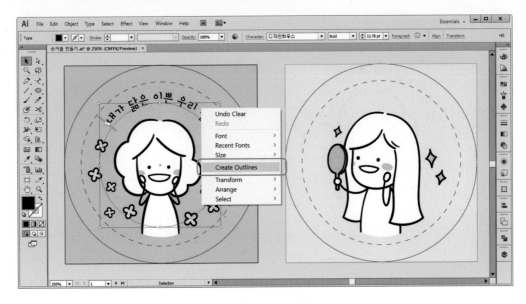

Create Outlines를 적용한 텍스트를 선택하고 마우스 오른쪽 버튼을 클릭하여 [Ungroup]을 선택합니다. 이제 글자가 나누어져, 글자를 하나씩 이동 및 회전할 수 있습니다.

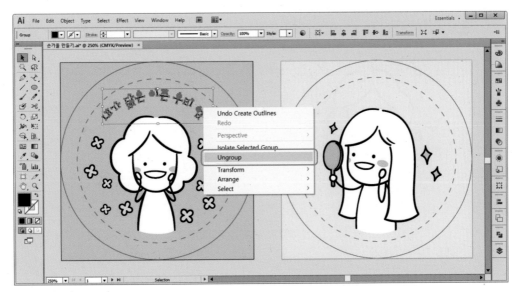

그림화되고 분리된 글자들을 미세 조정하여 배열을 정리해줍니다. 큰 차이가 없더라도 섬세하게 다듬으면 더 좋은 굿즈를 만들어낼 수 있습니다. 왼쪽 손거울 작업을 마무리했습니다.

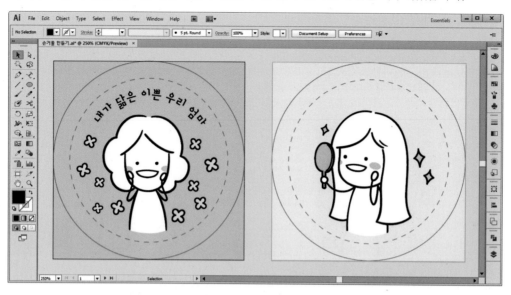

동일한 방법으로 오른쪽의 손거울에도 텍스트를 넣어 작업을 마무리합니다. 인쇄 업체에 넘기기 전 Create Outlines와 Overprint Fill도 확인합니다.

손거울 실물 사진

스마트톡은 손거울과 작업 과정이 똑같아 이제 아주 쉽게 만들 수 있습니다. 일러스트레이터 작업 과정은 동일하지만, 이미지를 어디에 입히느냐에 따라 다른 굿즈가 되는 것입니다.

스마트톡의 작업을 완료한 화면입니다. 사이즈만 약간 다를 뿐 손거울과 동일한 것을 확인할 수 있습니다. 모양이 있는 스마트톡을 제작하고자 할 경우에도, 이제 원리를 모두 이해했기 때문에 업체에서 제공하는 매뉴얼에 맞추어 제작하면 쉽게 만들 수 있습니다.

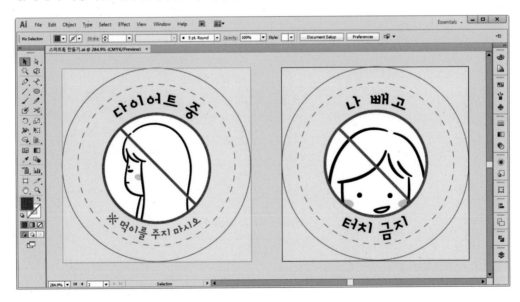

스마트톡 실물 사진

팁

Type on a Path Tool을 사용하다 보면
오른쪽 그림처럼 텍스트를 입력해야
하는데, 왼쪽 그림처럼 글자가 거꾸로
뒤집히는 경우가 있습니다.

이런 경우에는 거꾸로 된 텍스트를
선택하고 메뉴 바에서 [Type] – [Type on
a Path] – [Type on a Path Options...]를
클릭합니다.

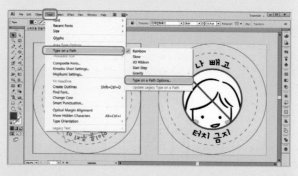

Type on a Path Options 창이 뜨면
[Flip]에 체크를 한 뒤 [OK] 버튼을
클릭합니다. 텍스트가 다시 올바른
방향으로 뒤집히는 것을 확인할 수
있습니다.

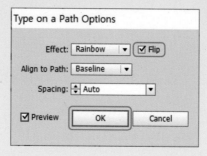

다음은 핀 배지의 작업을 완료한 화면입니다.

핀 배지도 손거울, 스마트톡과 모두 동일하게 작업한 것을 확인할 수 있습니다. 이렇게 버튼형 굿즈들은 모두 다 같은 원리로 쉽게 만들 수 있습니다.

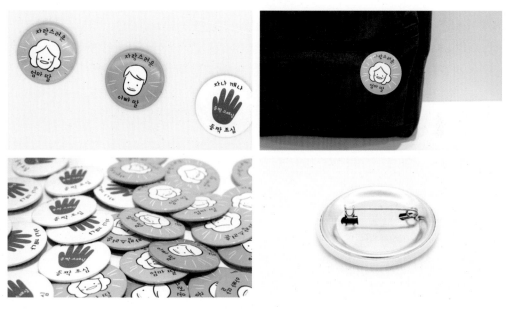

배지 실물 사진

02 키링

이번에는 키링을 만들어보겠습니다. 키링은 크게 금속 키링과 아크릴 키링으로 나눌 수 있는데, 아크릴 키링이 비교적 제작 과정이 쉽고 원가가 낮아 처음 제작하기에 진입 장벽이 낮으므로 아크릴 키링으로 제작해보겠습니다. 먼저 아크릴 인쇄와 컷팅의 특징, 키링의 제작 과정에 대해 간단히 살펴보고 키링을 만들어보겠습니다.

02-1 아크릴 인쇄 및 컷팅

아크릴에는 다양한 색상이 있고 업체마다 취급하는 종류는 다르지만 키링을 제작할 때에는 보통 투명한 아크릴을 사용합니다. 아크릴은 두께 또한 다양해 보통 2mm, 3mm, 5mm, 10mm가 있습니다. 키링이 너무 두꺼우면 고리에 달리지 않으므로 2mm 또는 3mm를 가장 많이 사용합니다. 아크릴 키링은 도무송 스티커와 마찬가지로 인쇄를 한 후 컷팅 라인에 맞춰 자르는 방법으로 제작합니다. 아크릴 컷팅에도 오차가 있을 수 있으므로 재단선과 그림 사이의 여분을 2~3mm 정도 두어야 합니다. 그렇지 않으면 그림이 잘려 나갈 수 있습니다. 앞에서 배웠던 것과 조금씩 차이가 있을 뿐 모두 비슷한 개념입니다. 단, 아크릴 인쇄에는 한 가지 알아둬야 할 특징이 있습니다. 바로 배면 백색 인쇄라는 개념입니다. 이는 쉽게 말하면 아크릴 키링의 앞면에 그림이 보이도록 인쇄하고, 그 뒤를 하얗게 코팅하듯이 한 번 더 인쇄하여 뒷면은 하얗게 보이도록 하는 것입니다. 만약 배면 백색 인쇄를 한 뒤 흰 코팅 위에 그림을 한 번 더 인쇄하면, 뒤에서도 그림이 보이는 양면 펜던트를 만들 수도 있습니다. 단, 양면 인쇄를 하면 뒤에 인쇄한 그림이 약간 비치는데 이는 아크릴 인쇄의 특성이므로 감안해야 합니다.

02-2 제작 과정

아크릴 키링을 제작하기 위해서는 먼저 아크릴 펜던트를 만들어야 합니다. 이 과정이 우리가 일러스트레이터로 작업해야 할 부분입니다. 펜던트에 들어갈 그림을 그리고, 재단선을 그려 그대로 인쇄 및 컷팅을 하면 키링의 펜던트가 완성됩니다. 아크릴 키링을 제작해주는 업체에서는 보통 키링의 고리나 체인도 선택할 수 있도록 되어 있습니다. 원하는 부자재를 선택하고 일러스트레이터 파일을 넘기면 키링이 제작됩니다. 단, 보통 아크릴을 컷팅할 때에는 아크릴을 보호하기 위해 투명한 필름을 붙여 작업하는데, 이 필름이 붙은 채로 오는 경우 필름은 수작업으로 떼야 합니다. 만약 아크릴 펜던트만 따로 제작하고 키링을 직접 만들고 싶은 경우에는 아크릴 인쇄 및 컷팅만 의뢰한 뒤 고리, 오링, 체인 등 부자재를 따로 구매해서 직접 달아 만들 수도 있습니다.

먼저 적당한 사이즈로 아트보드를 열고 키링 펜던트로 만들 그림을 그립니다.

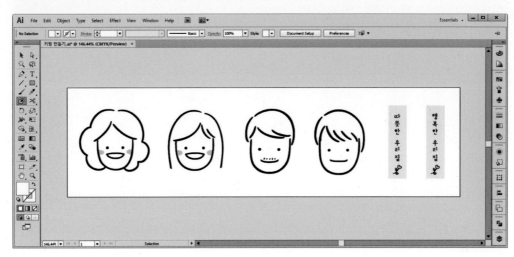

투명한 아크릴에 이대로 인쇄를 하면 까만 선만 인쇄되므로, 하얗게 색칠할 부분을 Blob Brush Tool로 칠해줍니다. 작업할 때에는 아트보드의 배경이 흰색이기 때문에 자칫 잊어버릴 수 있지만, 투명한 재질에 인쇄할 때에는 흰색 부분을 항상 잊지 말고 고려해야 합니다.

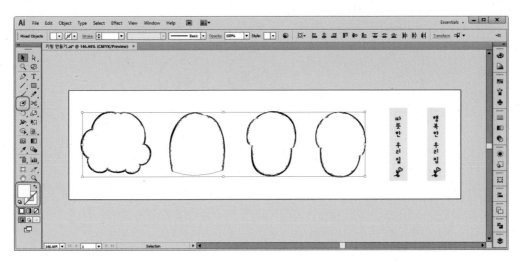

흰색으로 색칠한 부분을 모두 선택한 후 마우스 오른쪽 버튼을 클릭하고 [Arrange] − [Send to Back]을 이용해 순서를 조정합니다.

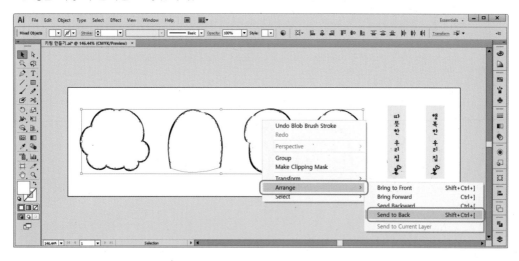

각 펜던트를 흰색으로 색칠한 오브젝트까지 선택하여 각각 따로따로 그룹화합니다.

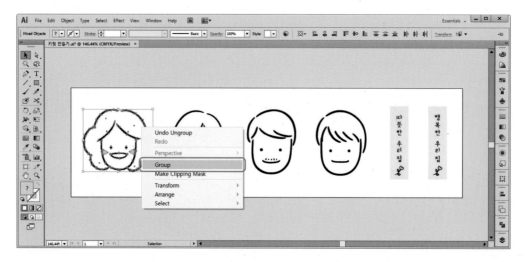

그림 부분이 마무리되었습니다. 이제 아크릴 컷팅을 할 재단선을 그리기 위해 재단선 레이어를 새로 만들어줍니다. 아크릴 컷팅의 재단선을 만드는 방법은 앞에서 스티커의 모양 도무송을 만들 때와 같습니다. 그러나 조금 어렵고, 약간 다른 부분도 있기 때문에 과정을 한 번 더 살펴보겠습니다.

그림 레이어에 그린 그림을 모두 선택하여 Ctrl+C를 누른 후 레이어를 잠급니다. 그다음 재단선 레이어를 클릭하고, Ctrl+F를 눌러 같은 자리에 그림을 복사합니다. 보기에는 그대로인 것처럼 보이지만, 같은 자리에 그림이 하나 더 복사되었습니다.

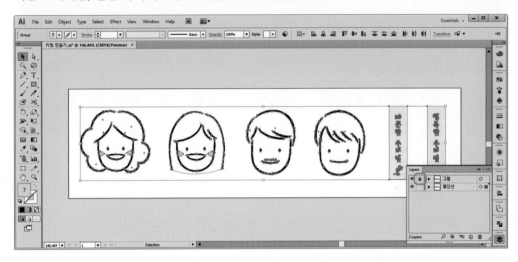

그림을 모두 선택하고 메뉴 바에서 [Object] – [Expand]를 클릭하여 모두 면으로 만들어줍니다. Expand를 적용한 오브젝트를 다시 모두 선택하여 Pathfinder에서 [Unite]를 클릭합니다. 오브젝트가 통째로 그림과 동일한 모양의 면이 되었습니다.

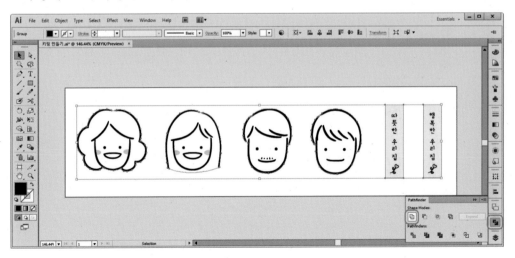

그림과 적당히 떨어져 있는 그림 모양의 재단선을 만들기 위해 Stroke를 굵게 설정합니다. 색상은 여백이 얼마나 되는지 확인하기 위해 일시적으로 눈에 잘 띄는 색상으로 설정했습니다. 내가 원하는 디자인에 맞춰 그림과 재단선 사이의 여백을 고려하여 Stroke의 굵기를 조정합니다. 이때 여백은 최소 2~3mm 이상이어야 합니다.

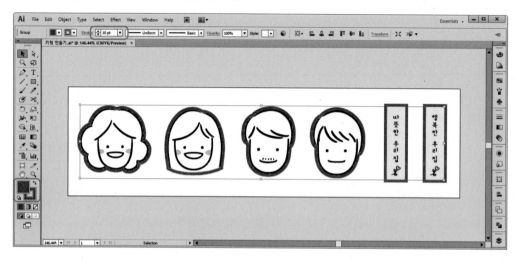

이제 굵게 설정한 Stroke를 면으로 만들어주기 위해 스티커를 제작할 때와 똑같은 과정으로 모든 오브젝트를 선택한 후 Expand를 적용합니다.

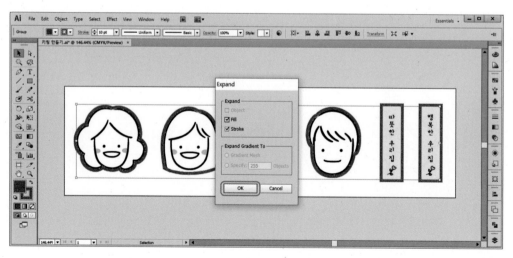

Expand를 적용한 오브젝트들을 통째로 한 면으로 만들어주기 위해 다시 오브젝트들을 모두 선택한 뒤 Pathfinder의 [Unite]를 클릭합니다.

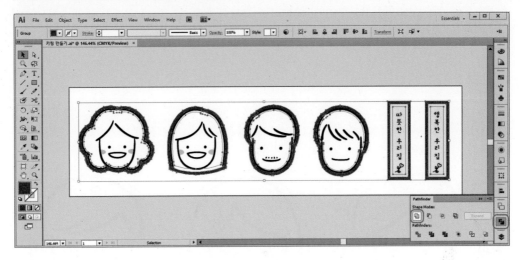

[Fill]은 없애주고 [Stroke]의 굵기와 색상을 조정해줍니다. 그림 모양으로 컷팅할 재단선이 완성되었습니다. 그러나 아직 미완성된 부분이 있습니다. 바로 고리 구멍입니다. 키링은 위에 고리를 달아야 하므로 구멍을 꼭 만들어야 합니다. 고리 구멍을 추가해보겠습니다.

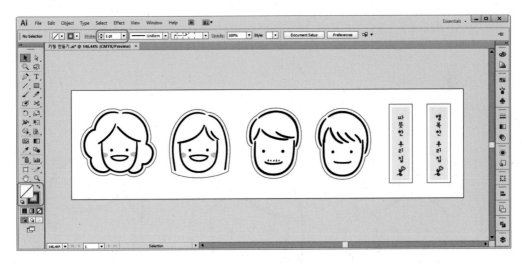

고리 구멍을 만들기 위해 Ellipse Tool을 사용하여 작은 원을 두 개 그려줍니다. 이때 Shift를 눌러 정원으로 그리도록 합니다. 구멍이 너무 작으면 고리가 들어가지 않으므로 구멍은 최소 2~3mm 이상으로 설정합니다. 구멍의 테두리는 너무 두꺼우면 고리가 걸리지 않고, 너무 얇으면 파손의 위험이 커지므로 이를 고려하여 적절히 조절합니다. 업체마다 사용하는 고리의 두께나 크기가 다르므로, 업체에서 요구하는 구멍과 구멍 테두리의 사이즈가 있다면 그에 맞춰 제작합니다.

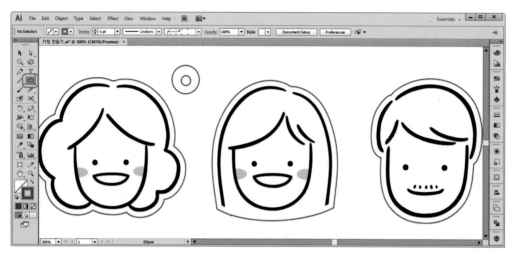

원 두 개를 함께 선택하고, 컨트롤 바 또는 Align 패널에서 [Align to Selection]을 클릭한 뒤 가로 가운데 정렬, 세로 가운데 정렬을 클릭합니다.

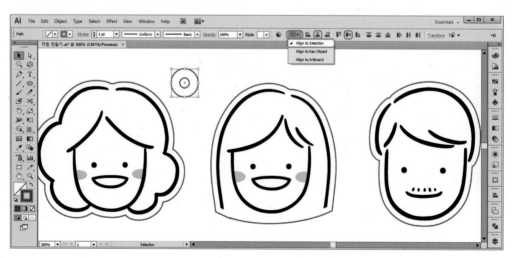

원 두 개를 함께 선택하고 Pathfinder에서 [Divide]를 클릭합니다. 둘 다 라인으로 되어 있어 눈으로 보기에는 변화가 없어 보이지만, 기존에 큰 원과 작은 원이었다면 이제는 도넛 모양과 작은 원으로 나누어졌습니다.

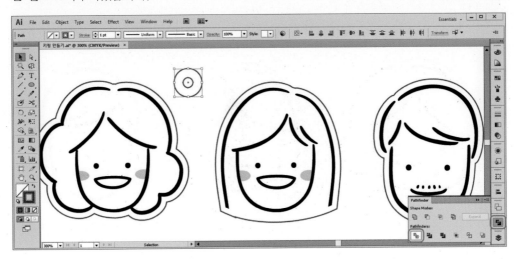

작은 원은 필요 없는 오브젝트이므로 지워주기 위해 Divide로 나눈 오브젝트에서 마우스 오른쪽 버튼을 클릭하여 [Ungroup]을 선택합니다.

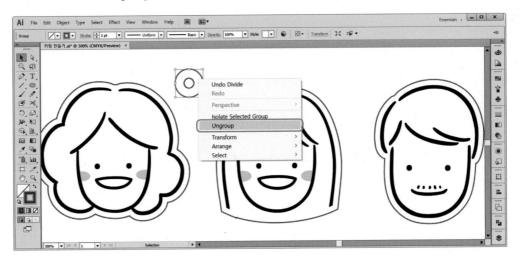

작은 원을 선택하고 Del 을 눌러 삭제합니다. 눈으로 보기에는 변화가 없어 보이지만, 이제 도넛 모양만 남았습니다. 이 도넛 모양이 우리가 원하는 오브젝트입니다.

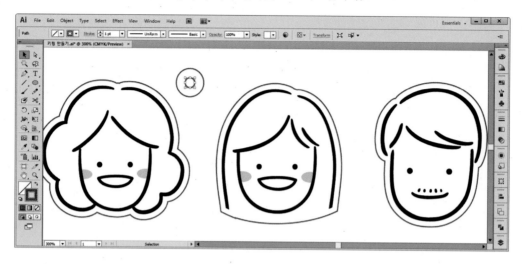

고리 구멍은 각 펜던트마다 모두 필요하기 때문에 도넛 모양을 여러 개 복사하여 각 펜던트에 알맞게 위치시킵니다. 너무 살짝 겹치면 연결 부분이 얇아 파손의 위험이 커지므로, 굿즈의 퀄리티를 위해 최대한 안쪽으로 겹쳐줍니다. 또, 무게중심도 고려하여 위치를 적당히 맞춰줍니다.

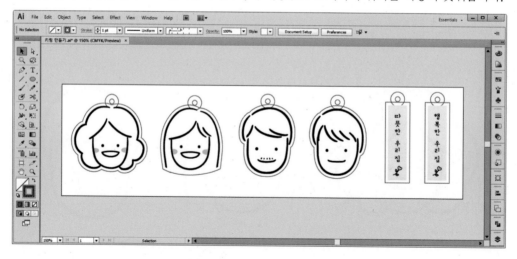

고리 구멍 부분까지 재단선을 합쳐야 하므로 모든 오브젝트를 선택하고 Pathfinder에서 [Unite]를 클릭합니다.

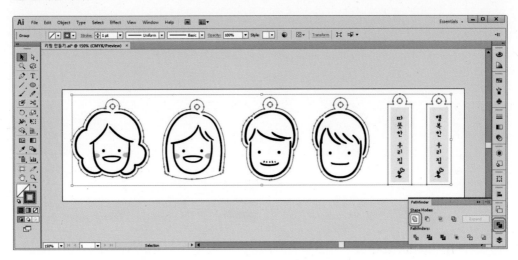

인쇄 및 컷팅을 할 아크릴 펜던트 작업이 마무리되었습니다. Unite를 적용했기 때문에 재단선이 모두 한 오브젝트로 되어 있으므로, 분리하려면 마우스 오른쪽 버튼을 클릭하여 [Ungroup]을 적용해도 좋습니다. 인쇄 업체에 넘기기 전 Create Outlines와 Overprint Fill도 확인합니다.

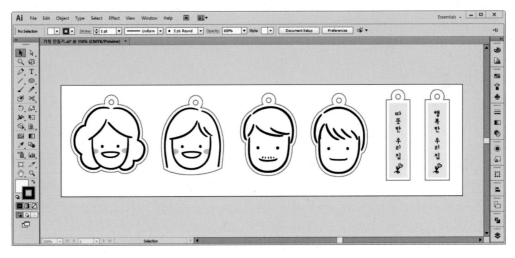

작업을 마무리하면 인쇄 부분이 흐릿하더라도 단면 컬러 인쇄만 할 것인지, 아니면 인쇄가 선명하고 뒷부분에 코팅이 되도록 컬러 인쇄 후 배면 백색 인쇄를 할 것인지, 아니면 배면 백색 인쇄 후 한 번 더 그림을 인쇄해 양면 인쇄를 할 것인지를 선택해야 합니다. 필자는 캐릭터의 얼굴이 대칭이 아니므로 컬러 인쇄 후 배면 백색 인쇄만 진행하고, 문구들은 대칭이므로 컬러 인쇄, 배면 백색 인쇄 후 컬러 인쇄를 추가해 양면으로 제작했습니다.

키링 실물 사진

팁

책에서는 작업 화면을 전체적으로 보여주기 위해 항상 줌아웃된 상태로 과정을 보여주지만, 실제로는 편하게 줌인, 줌아웃을 하며 작업해야 합니다. Zoom Tool과 Hand Tool을 자유롭게 사용하지 않으면 같은 작업이라도 매우 어려워질 수 있습니다. 따라서 지금 내가 작업하고 있는 곳을 더 잘 보이게 줌인하여 작업하고, 부분 작업이 마무리되면 줌아웃하여 전체적으로 확인하는 등 자유자재로 툴을 활용할 수 있도록 연습하는 것이 좋습니다.

03 컵

이번에는 컵을 만들어보겠습니다. 컵도 생활용품 중에 많이 만드는 굿즈 중 하나입니다. 컵의 재질과 모양은 매우 다양하며 꼭 컵이 아니더라도 다양한 식기류가 있는데, 제작 방법은 모두 동일하므로 나에게 맞는 단가와 디자인을 찾아 선택하면 됩니다. 먼저 컵의 인쇄 방식과 제작 과정에 대해 간단히 살펴보겠습니다.

실크 인쇄 및 전사 인쇄

컵에 인쇄를 하는 방법에는 크게 실크 인쇄 방법과 전사 인쇄 방법이 있습니다. 실크 인쇄는 간단히 컵에 잉크를 입히고 건조하는 방식입니다. 따라서 컵을 오래 사용하면 인쇄된 그림이 벗겨질 수 있고, 스크래치나 습기에도 약한 편입니다. 보통 1도 인쇄만 가능하며, 가격은 비교적 저렴합니다.

전사 인쇄는 그림이 인쇄된 전사지를 컵에 붙이고 고온의 가마에서 다시 구워내는 방법입니다. 이렇게 인쇄한 방식은 내구성이 높아 억지로 벗겨내려고 하지 않으면 오래 사용해도 인쇄된 그림이 거의 지워지지 않습니다. 그러나 전사지를 제작할 때마다 추가 비용이 발생하며, 가격도 비교적 높은 편입니다.

두 가지 인쇄 방식 모두 컵마다 인쇄할 수 있는 영역의 위치와 크기가 따로 정해져 있습니다. 해당 영역 내에만 인쇄할 수 있으므로 이를 미리 파악하고 디자인해야 합니다.

03-2 **제작 과정**

컵은 종류가 매우 다양합니다. 따라서 먼저 내가 만들고자 하는 굿즈의 콘셉트와 알맞고, 계획한 예산에 맞는 컵을 골라야 합니다. 만약 단가와 디자인이 마음에 들더라도 최소 수량이 맞지 않으면 제작이 어려울 수 있으므로 여러 여건을 모두 고려하여 선택해야 합니다. 각 컵의 인쇄 가능 영역의 위치와 크기가 어떻게 되는지도 확인합니다.

그 후 인쇄 방법을 선택합니다. 필자는 단가가 조금 높아지더라도 굿즈의 퀄리티를 위해 전사 인쇄 방법을 선호하는 편입니다. 또, 단가와 디자인을 고려하여 몇 도 인쇄로 할 것인지도 결정합니다.

이제 컵에 인쇄할 이미지를 제작할 차례입니다. 내가 원하는 디자인을 일러스트레이터로 작업해 제작 업체에 보냅니다. 이때, 인쇄할 그림이 있는 일러스트레이터 원본 파일과, 컵의 이미지에 그림을 대략적으로 합성한 이미지를 함께 보내면 원하는 결과물이 나오는 데 도움이 됩니다. 만약 유리컵을 제작할 것이라면 백색 인쇄 부분도 잊지 않고 작업해야 합니다.

인쇄 파일을 보낸 후에는 컵에 인쇄할 크기와 위치를 업체와 한 번 더 확인하며 확정합니다. 이 과정은 각 업체마다 달라 시스템화되어 있을 수도 있고, 직접 방문하거나 사진을 주고받으며 진행할 수도 있습니다. 업체와 협의를 마치면 먼저 샘플을 받아 확인하고 제작에 들어가거나, 샘플 확인이 불가능한 업체일 경우 바로 제작에 들어가면 됩니다.

컵은 인쇄 영역에 맞는 사이즈로 그림을 그리기만 하면 됩니다. 이 과정은 앞에서 작업한 것과
모두 동일한 과정이므로 간단히 살펴보겠습니다. 컵에 넣을 그림을 마무리한 화면입니다. 필자
는 캐릭터의 콘셉트를 살려 가족 아이템으로 네 가지 종류의 컵을 제작했습니다.

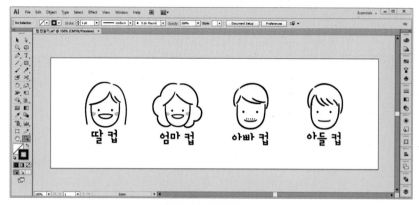

컵에 넣을 그림을 그린 화면

인쇄할 그림 파일과 함께 업체에 추가로 보내기 위해 원하는 결과물의 모습을 합성했습니다. 특
히 인쇄 가능 영역보다 그림을 작게 인쇄하는 경우에는 그림의 위치가 달라질 수 있으므로 원하
는 결과물의 모습을 대략적으로 만들어 함께 보내면 문제 발생을 예방할 수 있습니다. 다음 화
면과 같이 실제 컵의 사이즈에 맞게 컵을 그리거나, 업체의 사이트에서 사진을 다운받아 합성합
니다. 일러스트레이터에 이미지를 불러오려면 메뉴 바에서 [File] – [Place]를 클릭한 뒤 원하는
이미지를 선택하고 [Place]를 클릭합니다.

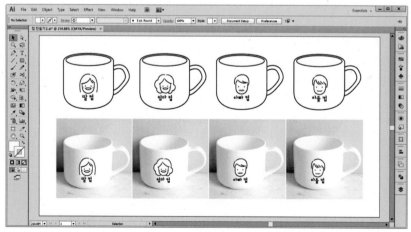

인쇄 크기와 위치를 잡은 화면

컵은 이렇게 일러스트레이터로 작업하는 과정도 중요하지만, 업체와 협의하며 실물을 만들어내는 과정도 매우 중요합니다. 따라서 파일을 넘긴 후 업체와 협의하며 꼼꼼히 마무리하도록 합니다.

컵 실물 사진

04 파우치, 담요, 앞치마

생활용품 제작의 마지막으로 파우치와 담요, 앞치마를 만들어보겠습니다. 다 다른 굿즈이지만 한꺼번에 묶은 이유는 모두 원단에 인쇄하며, 제작 과정이 비슷하기 때문입니다. 파우치, 에코백, 수건, 담요 등 원단형 굿즈들은 모두 비슷한 원리로 제작된다고 보면 이해하기 쉽습니다. 모두 원리는 같지만, 업체마다 취급하는 원단의 재질이 다르고 인쇄 방법이 다양하므로 원하는 것을 선택하여 업체의 매뉴얼에 따라 진행하면 됩니다.

먼저 이러한 원단형 굿즈들의 인쇄 방법과 제작 과정에 대해 간단히 알아보고, 파일 제작 방법은 엽서와 크게 다를 바가 없으므로 샘플을 위주로 살펴보겠습니다.

04-1 디지털 인쇄 및 전사 인쇄

사실 원단 인쇄는 원단의 종류도, 인쇄 방법도 매우 다양하고 업체마다 취급 원단이 다를 뿐만 아니라 원단에 따라 인쇄 방법도 달라지므로 모두 알고 진행할 수는 없습니다. 그러나 큰 틀과 원리는 모두 같기 때문에, 원리만 이해하면 그 후에는 내가 원하는 원단과 업체를 선정해서 진행할 수 있습니다.

인쇄 방법에도 여러 종류가 있지만 그중 굿즈를 제작할 때 가장 기본적으로 많이 사용하는 인쇄 방법은 디지털 인쇄 방법과 전사 인쇄 방법입니다. 디지털 인쇄는 가장 기본적이고 많이 사용하는 방식으로, 원단에 직접 잉크로 인쇄하는 방식입니다. 이 방법은 원단 자체에 인쇄하는 것이므로 종이에 인쇄한 것처럼 이질감 없이 인쇄되며, 큰 제약이 없기 때문에 특수한 원단을 제외한 대부분의 그림을 인쇄할 수 있습니다. 물론 색상이 있는 원단에 인쇄할 경우 색상은 조금 다르게 보일 수 있습니다.

전사 인쇄는 전사지에 인쇄한 후 열로 코팅하듯 원단에 입히는 방식입니다. 디지털 인쇄보다는 원단과 약간 이질감이 있어 보일 수 있지만 매우 선명하게 인쇄됩니다. 그러나 원단에 따라, 전사 인쇄 중 어떤 방식을 사용하느냐에 따라 다르고 업체마다 다양한 다른 인쇄들도 가능하니 어떤 인쇄가 가능한지 확인하고 원하는 방식으로 진행하면 됩니다.

04-2 제작 과정

원단형 굿즈는 종류가 다양하기 때문에 내가 만들고자 하는 굿즈를 제작하는 업체에서 어떤 원단을 취급하는지, 어떤 인쇄가 가능한지 확인한 후 퀄리티와 예산, 그리고 그 외 여러 여건을 고려하여 알맞은 업체를 선정하는 것이 중요합니다.

업체와 원단을 선택했다면 일러스트레이터로 인쇄할 그림을 작업합니다. 일반적으로 에코백이나 파우치 같은 경우 인쇄 가능 영역이 정해져 있고, 인쇄 쿠션이나 담요는 전체 인쇄가 가능하기도 하므로 해당 굿즈의 인쇄 영역을 먼저 파악합니다. 또, 몇 도 인쇄가 가능한지도 미리 알아보도록 합니다. 적합한 것을 선택하면 매뉴얼에 맞춰 작업한 후 일러스트레이터 원본 파일을 업체에 넘기면 됩니다. 시스템화되어 있는 업체라면 파일만 보내면 되지만, 그렇지 않은 업체라면 컵과 마찬가지로 제작에 들어가기 전 인쇄할 크기와 위치를 직접 소통하며 한 번 더 확인합니다.

보통 제작 업체 사이트를 보면 전체 굿즈와 인쇄 가능 영역의 사이즈를 알려줍니다. 어느 위치에 어떤 크기로 들어가는지 확인한 후 그 사이즈에 맞게 아트보드를 열어 작업합니다. 먼저 파우치를 예시로 살펴보겠습니다.

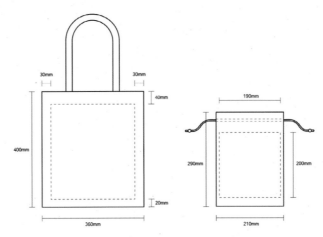

업체에서 제공하는 사이즈 안내 예시

인쇄 가능 영역 사이즈의 아트보드를 열고 앞에서 했던 것과 동일한 방법으로 재단선을 그린 후 레이어를 정리해줍니다.

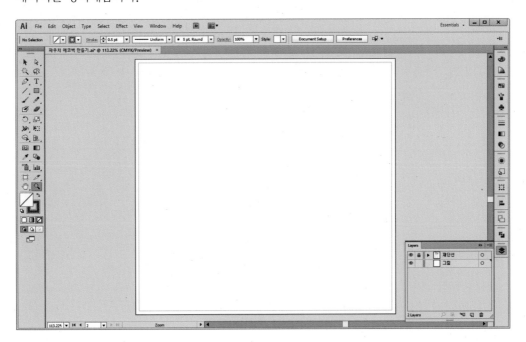

재단선 안의 적절한 위치에 그림을 그려 넣습니다. 파우치 작업이 마무리되었습니다. Group, Create Outlines, Overprint Fill 등 인쇄용 마무리 작업을 한 후 인쇄 업체에 넘기면 됩니다. 이렇게 원단형 굿즈들은 엽서와 동일한 과정으로 매우 쉽게 만들 수 있으므로 전혀 어렵게 생각하지 않아도 됩니다.

파우치 실물 사진

다음은 담요 작업을 마무리한 화면입니다.

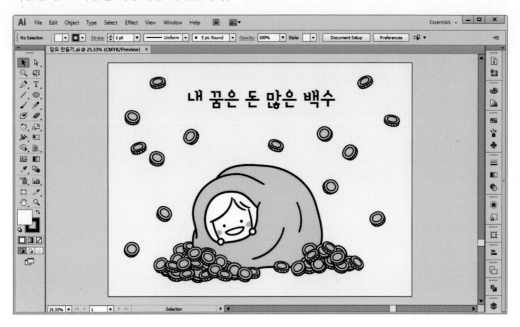

담요는 전체 인쇄를 진행했으므로 담요 크기로 아트보드를 열어 그림을 그려 넣었습니다. 그림
작업은 이렇게 마무리하여 보냈지만, 그 후 담요의 테두리 마감과 관련해서는 따로 업체와 직접
연락하여 마감 방법과 색상 등을 협의하여 결정했습니다.

담요 실물 사진

굿즈들, 특히 생활용품에는 정말 다양한 종류가 있기 때문에 당연히 모든 굿즈의 제작 방법을 다 파악하고 있을 수는 없습니다. 따라서 어떤 굿즈를 만들지는 결정했지만 잘 모르는 부분이 있다면, 주저 없이 업체에 직접 문의하는 것을 추천합니다. 간혹 업체에 문의하기를 두려워하는 분들이 있는데 전혀 그럴 필요가 없습니다. 필자도 아무 정보가 없을 때 여러 업체에 문의를 하며 하나씩 알아가게 되었습니다.

일단 모든 굿즈 제작에는 업체에 넘길 일러스트레이터 파일이 필요한데, 파일 만드는 방법의 대략적인 틀에 대해서는 이제 어느 정도 감이 잡혔을 것입니다. 따라서 파일 제작 외의 굿즈마다 다른 마감 방법이나 추가 협의해야 하는 부분들은 업체에 직접 문의하고 협의하며 부딪혀나가면 됩니다. 물론 그렇지 않은 곳도 있지만, 여러 곳에 문의하다 보면 매우 친절히 정보를 알려주시는 분들이 많습니다. 또, 굿즈를 만들어 나가며 여러 번 실패도 경험하다 보면 어떤 부분을 주의해야 하고 사전 협의해야 할지를 저절로 터득하게 됩니다. 따라서 어떤 굿즈를 만들더라도 전혀 겁먹을 필요가 없습니다.

필자는 캐릭터의 특징에 따라 그에 맞는 개성 있는 품목으로 앞치마도 제작해보았습니다. 앞치마의 제작 원리도 파우치나 담요와 동일합니다.

앞치마 작업을 마무리한 화면입니다. 인쇄 가능 영역의 크기로 아트보드를 열어 그 안에 인쇄할 그림을 그려 넣었습니다. 이렇게 원단형 굿즈들은 모두 같은 원리로 쉽게 제작할 수 있으므로 내 캐릭터의 컨셉에 맞는 굿즈를 선택하여 자유롭게 제작해보기 바랍니다.

앞치마 실물 사진

03 봉제류 제작하기

마지막으로 봉제류를 제작해보겠습니다. 봉제류는 일러스트레이터로 작업하는 것보다 실제로 샘플을 받아 직접 확인하고 수정해 나가는 과정이 대부분이므로, 앞에서 제작했던 문구류 및 생활용품과는 약간의 차이가 있습니다. 따라서 이번 챕터에서는 예시를 보며 봉제류의 제작 과정은 어떻게 되는지, 또 어떤 점을 유의해야 하는지를 배워보는 것에 목적을 두겠습니다.

01 봉제류 제작을 위해 꼭 알아야 할 것들

봉제류는 앞에서 제작했던 굿즈들과는 제작 과정이 조금 다릅니다. 일러스트레이터 파일을 그대로 인쇄하는 것이 아니라 파일을 토대로 다시 만들어내는 것이기 때문입니다. 따라서 봉제류만의 특이사항과 전반적인 과정에 대해 간단히 살펴보고, 필자가 제작했던 과정을 예시로 살펴보며 제작 방법을 알아보도록 하겠습니다.

01-1 샘플 제작과 비용 및 기간

봉제류 제작 시 고려해야 할 특이사항은 바로 샘플 제작입니다. 봉제류 제작이란 사실 샘플을 제작한 뒤 수정하고, 또 수정하며 원하는 최종 샘플을 만들어내는 것이 과정의 대부분입니다. 평면인 캐릭터를 입체로 만드는 과정이므로 생각한 대로 쉽게 결과물이 나오지 않기 때문입니다. 그리고 샘플은 수작업으로 진행되기 때문에 상품의 최종 단가에 비해 비용도 꽤 많이 발생하므로 처음 예산을 잡을 때 샘플 비용까지 고려해야 합니다. 또, 샘플을 수작업으로 만들고, 여러 번 수정을 하고, 확정되면 대량 생산을 하다 보니 기간은 최소한 1~2달 이상 소요됩니다. 문구류처럼 짧은 기간 내에 완성될 수는 없으니 기간이 충분히 필요한 것도 고려해야 합니다.

봉제류는 보통 최소 수량이 많고 단가도 높은 편입니다. 게다가 처음에는 최소한의 수량으로 제작할 수밖에 없는데, 수량이 적어질수록 단가는 더 높아지고 샘플 비용도 필요하기 때문에 한 번에 제작비가 많이 들게 됩니다. 따라서 혼자서 쉽게 제작에 도전하기에는 조금 어려움이 있는 품목입니다.

봉제류 제작은 일단 턴어라운드를 그리는 것부터 시작됩니다. 제작하고자 하는 모양의 앞면, 옆면, 뒷면 등을 일러스트레이터로 그리고, 이 턴어라운드 도면과 함께 참고할 만한 레퍼런스 자료가 있다면 추가로 준비합니다. 이후 자료를 업체에 전달하여, 자료를 토대로 대략적인 견적을 받습니다. 견적을 받기 전 업체와의 미팅을 통해 직접 보고 만져보며 대략적인 재질을 정해도 좋습니다.

견적을 받은 뒤 업체를 선정하면 1차 샘플 제작이 시작됩니다. 1차 샘플은 보통 문제가 많습니다. 따라서 원하는 최종 샘플이 나올 때까지 여러 번 수정 작업을 거칩니다. 처음 계약을 할 때 샘플의 수정 횟수가 정해져 있다면, 추가 수정 시에는 수정할 때마다 추가 비용이 발생합니다. 샘플이 나오면 택배로 받아보아도 되지만, 직접 만나 협의하는 과정이 꼭 필요합니다. 사진을 찍어 수정 사항을 전달하면, 사진과 실물이 다른 점이 많아 소통에 혼선을 빚을 수도 있기 때문입니다. 미팅 후에는 협의했던 수정 사항을 다시 정리하여 전달해 꼼꼼히 진행하는 것이 좋습니다.

최종 샘플이 완성되면 생산에 들어갑니다. 중국 생산을 하면 단가는 낮아지지만 퀄리티가 조금 낮아지거나 불량률이 높을 수 있다는 점은 감안해야 합니다. 또, 인형과 같은 경우 아동 완구이므로 법적으로 안전 인증을 받는 절차가 필요합니다. 안전 인증을 받고 생산된 결과물을 받으면 제작이 완료됩니다.

02 인형 만들기

다음은 처음 업체와 미팅하기 전, 대략적인 턴어라운드를 정리하여 업체에 전달한 예시입니다. 물론 이렇게 간단한 턴어라운드만 가지고 바로 샘플 작업을 진행하기에는 어려움이 있습니다. 미팅을 통해 원하는 재질, 모양, 실현 가능한 부분과 불가능한 부분 등을 함께 협의하며 1차 샘플 작업을 진행했습니다. 샘플 작업에 들어가기 전 특별히 원하는 사항이 있다면 미리 정리하여 전달하는 것이 좋습니다.

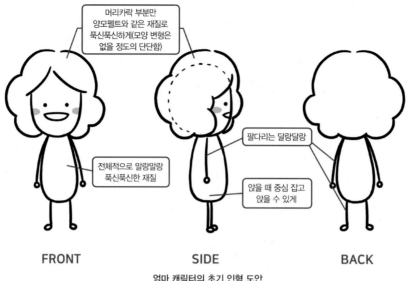

머리카락 부분만
양모펠트와 같은 재질로
푹신푹신하게(모양 변형은
없을 정도의 단단함)

전체적으로 말랑말랑
푹신푹신한 재질

팔다리는 달랑달랑

앉을 때 중심 잡고
앉을 수 있게

FRONT　　　　**SIDE**　　　　**BACK**

엄마 캐릭터의 초기 인형 도안

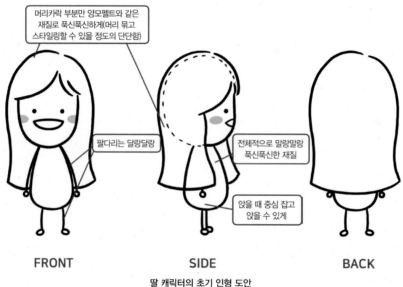

머리카락 부분만 양모펠트와 같은
재질로 푹신푹신하게(머리 묶고
스타일링할 수 있을 정도의 단단함)

팔다리는 달랑달랑

전체적으로 말랑말랑
푹신푹신한 재질

앉을 때 중심 잡고
앉을 수 있게

FRONT　　　　**SIDE**　　　　**BACK**

딸 캐릭터의 초기 인형 도안

다음은 인형의 1차 샘플입니다. 1차 샘플은 정말 운이 좋지 않은 이상 대부분이 생각과는 다르게 나오므로 크게 기대하지 않는 것이 좋습니다. 봉제 도안을 만드는 과정이므로 실망하지 말고 어떤 부분을 수정해야 할지에 집중하면 됩니다.

엄마 캐릭터 인형의 1차 샘플 실물 사진   딸 캐릭터 인형의 1차 샘플 실물 사진

필자는 옷의 색상이 고민되어 하나는 노란색, 하나는 흰색으로 샘플을 받아보았습니다. 그리고 원래 캐릭터는 팔다리가 검은색인데, 검은색으로 제작하면 이상할 것 같아 흰색으로 샘플 제작을 요청했지만 실물을 확인하니 흰색이 더 이상하여 검은색으로 바꾸기로 결정했습니다. 이렇게 머리로 구상하는 것과 실물은 느낌이 매우 다르므로 꼭 샘플 작업이 필요합니다. 또, 옷의 길이를 줄이거나 옷을 탈부착식으로 바꾸는 등 여러 수정 사항이 생겨 미팅을 통해 이에 대한 협의를 진행했습니다.

우측 사진과 같이 정수리를 기준으로 라인이 동그랗게 될 수 있도록 양 옆 머리를 좀 더 통통하게 해주세요

우측 사진과 같이 앞머리 곡선 모양을 조금만 더 동그랗게 휘어주세요

머리 포인트들을 조금씩 내려서 머리가 전체적으로 약간 더 길어지게 해주세요

팔을 살짝 내리고 옷에 구멍을 뚫어 팔을 구멍을 빼고 목 부분을 살짝 파서 벨크로식 탈부착 가능한 원피스로 바꿔주세요

팔다리 색상을 검은색으로 바꿔주세요

목 굵기는 그대로 하고 몸통 길이만 1.5cm 줄여주세요 (팔 길이와 옷 길이도 맞춰서 줄여주세요)

다리 길이는 1cm 늘려주세요 (앉았을 때 치마 밖으로 다리가 1cm 정도는 보일 수 있으면 좋겠습니다)

발 크기 전체를 2mm만 아주 약간 키워주세요

엄마 캐릭터 인형의 샘플 수정 사항

미팅을 통해 수정 사항에 대한 협의를 완료했지만, 일부 누락될 수도 있으므로 수정 사항을 정리하여 다시 한 번 더 전달하는 것이 좋습니다. 앞의 예시는 1차 수정 사항을 정리했던 파일 중 일부입니다. 이후 같은 방식으로 여러 번 추가 수정을 거치게 됩니다. 샘플은 최종본도 수작업으로 만들어지기 때문에, 공장에서 제작하면 최종 샘플과 또 약간씩 다른 부분이 생길 수밖에 없는 부분은 감안해야 합니다.

인형 최종 실물 사진

03   쿠션 만들기

쿠션을 만드는 방법은 인형과 동일하지만, 훨씬 더 간단하게 생겼기 때문에 제작 과정도 더 짧고 쉽습니다. 다음은 업체와 처음 미팅하기 전 대략적인 쿠션의 모양을 정리하여 업체에 전달한 예시입니다. 이후 미팅을 통해 크기와 재질 등을 결정하고 파일을 추가 전달하며 진행했습니다. 쿠션은 간단하게 생겼기 때문에 여러 번의 수정 과정 없이 두 번 만에 최종 샘플을 확정했습니다.

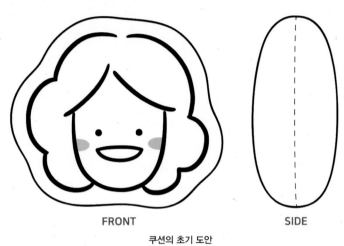

쿠션의 초기 도안

완성된 최종 쿠션입니다. 엄마 캐릭터의 콘셉트를 살려, 엄마 품에서 잔다는 의미로 손을 넣어 베고 잘 수 있는 허그 쿠션으로 제작해 굿즈에 약간의 개성과 재미를 더했습니다.

실제 쿠션 사용 사진

굿즈 포장하기

이렇게 멋진 굿즈를 완성했지만 아직 끝나지 않았습니다. 굿즈만큼이나 중요한 굿즈의 포장이 남아있기 때문입니다. 그렇다면 포장에는 어떤 방법들이 있는지, 어떻게 제작하는 것인지, 함께 하나하나 살펴볼까요?

01 굿즈 포장에서 가장 중요한 점

굿즈를 포장하는 데에도 여러 방법들이 있기 때문에 어떤 방법으로 포장을 할지, 디자인은 어떻게 할지를 모두 선택하고 결정해야 합니다. 그렇다면 이런 결정을 할 때 가장 중요하게 고려해야 할 점은 어떤 것들이 있을까요?

포장이야말로 굿즈의 마무리 작업이나 마찬가지이기 때문에, 포장까지 마무리해야 정말 굿즈의 제작이 끝났다고 볼 수 있습니다. 그러므로 굿즈의 컨셉이나 매력도, 완성도가 중요한 만큼 굿즈의 포장도 매우 중요합니다. 필자는 다양한 시행착오와 판매 경험들을 통해, 신상품을 제작할 때 상품만큼이나 그 포장까지 신중하게 고려하여 제작하는 편입니다. 다수의 입점처가 있기 때문에 한번 정하고 나면 추후에 변경하고 싶어지더라도 수정하기가 생각만큼 쉽지 않기 때문입니다. 또한, 같은 상품도 어떻게 포장하느냐에 따라서 완성도나 디스플레이 방식 등이 달라질 수 있는 만큼, 신중히 고민해야 하는 부분입니다.

01 굿즈와의 통일감 유지하기

포장의 퀄리티도 물론 중요하지만, 그보다 더 중요한 것은 내가 만든 굿즈의 느낌과 통일감을 유지하는 것이라 할 수 있습니다. 포장은 굿즈와 함께 바로 구매자의 눈에 보이는 직관적인 부분이기 때문입니다. 즉, 포장은 그 굿즈가 가지고 있는 컨셉이나 디자인, 그리고 컬러감을 따라가는 것이 좋습니다. 예를 들어 굿즈에는 굉장히 화려한 컬러를 사용했는데 포장에는 갑자기 무채색을 사용한다면, 전체적으로 보았을 때 상품이 눈에 들어오지 않고 컨셉이 굉장히 모호해 보일 수 있습니다. 그러므로 굿즈가 귀엽고 아기자기한 느낌을 가지고 있다면 포장 또한 귀여운 느낌을 이어가고, 굿즈가 심플하고 모던한 느낌이라면 포장 또한 같은 분위기로 제작하는 것이 좋습니다.

02 판매 공간과의 적합성 고려하기

굿즈의 포장은 판매하게 될 공간과 적합하게 제작해야 합니다. 복장에도 시간과 장소, 상황에 맞게 코디를 해야 하는 T.P.O가 있듯이, 굿즈의 포장도 마찬가지입니다. 어떤 곳에서 판매를 할 것이냐에 따라 포장도 달라져야 합니다.

물론 판매하는 모든 공간마다 포장을 달리해야 한다는 것은 아닙니다. 단지, 소소한 분위기의 플리마켓과 같은 판매처에서 판매할 때 사용하는 포장 방법과 규모가 큰 스토어에 입점하여 판매할 때 사용하는 포장 방법은 달라야 한다는 것입니다. 규모가 있는 판매처의 경우, 포장의 퀄리티 부분에 관련하여 담당자가 직접 요청하는 경우도 있으며, 포장의 완성도에 따라 상품의 퀄리티가 달라지기 때문에 이에 대해 신중히 고려해야 합니다.

03 굿즈와의 균형감 조절하기

포장은 굿즈를 뒷받침해주는 것이지 주제가 아닙니다. 아무리 포장이 중요하다고 할지라도, 포장은 포장일 뿐입니다. 포장이 처음 고객의 시선을 사로잡고 상품 전체의 완성도를 높이는 데에 영향을 미칠 수는 있지만, 포장은 보통 구매 후 버리게 되는 부분이며 포장보다 더 중요한 주제는 굿즈입니다. 따라서 포장을 지나치게 화려하게 제작하여 상품보다 포장이 돋보이게 해서는 안 됩니다. 예를 들어 내용물이 잘 보여야 하는 상품의 앞부분에 크게 스티커를 붙이거나, 상품의 메인이 되는 그림이나 문구를 포장이 가리고 있어 무슨 내용인지 보이지 않는 포장 방법은 오히려 상품의 가치를 떨어트리는 것입니다. 즉, '어떻게 하면 포장이 더 화려하고 멋질까'가 아니라 '어떻게 하면 포장이 내 굿즈를 더 돋보이게 해줄 수 있을까'를 중심으로 고려해야 합니다.

02 굿즈 포장 전 체크해야 할 사항

소규모의 마켓을 위주로 굿즈를 판매할 때에는 아래의 요소들이 필수적인 부분은 아닙니다. 그러나 점점 규모가 커지다 보면, 신경 써야 할 것들이 많아지게 됩니다. 필자도 그랬듯이 처음 경험하게 되면 당황스럽고 쉽게 정보를 알기 어렵기 때문에, 독자분들이 시행착오를 줄일 수 있도록 중요한 포인트들을 위주로 살펴보고자 합니다.

01 품질표시를 위한 상품의 기본 정보

상품을 제작하여 판매할 경우, 소비자를 위해 상품의 품질에 대한 다양한 정보를 적게 되어 있습니다. 이를 '품질표시'라고 합니다. 품질표시에 포함되어야 하는 내용은 어떤 상품군이냐에 따라 달라지지만, 굿즈의 경우 평균적으로 상품명, 규격, 무게, 제조원, 판매원, 제조국, 사용 연령, 주소 등이 들어가게 됩니다. 따라서 내가 만든 굿즈의 가로, 세로, 높이 규격과 무게는 어떻게 되는지, 원산지는 어디인지 등을 체크하여 알아두어야 합니다. 여러 입점처와 계약을 하고 다양한 행사를 진행하다 보면 준비 시간이 촉박한 경우가 많으므로, 신상품을 제작할 때마다 위에서 언급한 항목들을 미리 함께 정리해두는 것이 좋습니다. 그렇게 하면 추후에 급하게 포장을 제작할 때에도 정보를 바로 입력하여 빠르게 진행할 수 있습니다.

02 바코드

규모가 조금 큰 판매처에 입점하게 되면, 판매처 측에서 바코드를 필수적으로 요구해오는 경우가 많습니다. 그러나 갑자기 바코드를 발급받으려 하면 절차를 몰라 당황하기 쉽습니다. 일시적으로 사용할 수 있는 바코드는 여러 방법으로 발급받을 수 있지만, 공식적으로는 대한상공회의소 유통물류진흥원에서 운영하는 '코리안넷'이라는 사이트에서 발급받을 수 있습니다(www.koreannet.or.kr).

바코드를 발급받기 위해서는 먼저 대한상공회의소 유통물류진흥원에 회원 가입을 하고, 입회비와 연회비를 납입해야 합니다. 입회비와 연회비는 회사의 규모에 따라 조금씩 달라질 수 있습니다.

이후 코리안넷에서 유통표준코드(GTIN)을 생성하면 바코드를 발급받을 수 있지만, 이를 발급받기 위해서는 상품 분류, 제조사, 상품명, 원산지, 과세 형태, 규격, 중량, 등을 정확히 파악하고 입력해야 합니다. 이렇게 발급받은 바코드는 우리나라뿐만 아니라 세계적으로도 유통과 식별이 가능합니다.

조금 복잡해 보이지만 처음에만 낯설 뿐 전혀 어렵지 않습니다. 바코드를 발급받아 굿즈의 포장에 활용하는 법은 이어지는 'CHAPTER 4. 나만의 굿즈 포장 제작하기'에서 자세히 배워보도록 하겠습니다.

03   디스플레이 방식

굿즈의 포장을 본격적으로 제작하기 전에, 이 상품을 결과적으로 어떻게 디스플레이하는 것이 효과적일지를 먼저 고려해야 합니다. 예를 들어 고리에 걸어 대롱대롱 매달린 형식으로 디스플레이를 하고 싶다면, 애초에 매달 수 있는 구멍이 있는 포장 방법을 선택하여 제작해야 합니다. 여러 수량을 테이블에 나열하는 형식으로 디스플레이하고 싶다면, 일반 OPP에 넣는 방식이 더 적합할 수 있습니다. 이렇게 디스플레이 방식을 먼저 고려하지 않으면, 포장까지 모두 완료한 후에 디스플레이를 하다 변수가 생겨 여러 문제가 발생할 수 있습니다. 따라서 상품의 어떤 부분이 잘 보여야 하는지, 그래서 디스플레이를 어떻게 하는 것이 좋을지, 그렇다면 그에 알맞은 포장 방법은 어떤 것일지를 먼저 고려하는 것이 좋습니다.

04   원가와 최소수량

비용을 투자할수록 제한 없이 원하는 대로 포장 방법을 선택할 수 있고, 포장의 퀄리티 또한 높아지는 것은 당연한 이치입니다. 하지만 결국 버리게 되는 포장재에 상품의 판매가에 비해 지나치게 많은 비용을 투자한다면 올바른 포장 방법이라 보기 어렵습니다. 아무리 상품 전체의 완성도를 높이고 싶다 해도, 원가를 고려하지 않으면 수익을 내기 어렵기 때문입니다. 따라서 최대한 퀄리티가 좋고 여러 면으로 적합한 포장 방법을 활용하면서도, 현실적인 비용을 고려하여 원가와 퀄리티 사이의 적정 지점을 찾아 타협하는 것이 무엇보다도 중요합니다.

또한 모든 상품 구매나 제작에는 최소수량이 정해져 있으므로, 포장 제작을 진행하기에 앞서 최소수량을 고려하는 것도 중요합니다. 자신이 제작한 굿즈의 수량이나, 자신이 선택한 포장 방법에 따른 포장재 제작의 최소수량을 고려해야 하는 것입니다.

예를 들어, 소량으로 제작한 굿즈 100개를 박스에 넣어 포장하고자 계획했다고 가정해봅시다. 소형 박스는 최소 제작 수량이 평균적으로 1000개 정도 되기 때문에 포장재가 굿즈 수량보다 지나치게 많이 남게 됩니다. 만약 기성품 중에 사이즈가 맞는 박스가 있어 이를 구매하려고 한다 해도, 기성품의 경우 최소수량은 적지만 단가는 높기 때문에 상품보다 포장에 더 큰 비용을 투자해야 할 수도 있습니다. 따라서 항상 원가와 최소수량을 미리 신중히 고려한 후 포장 제작을 시작해 시행착오를 줄여야 합니다.

다양한 디스플레이 방식

03 다양한 굿즈 포장 방법

본격적으로 굿즈 포장재를 함께 제작하기에 앞서, 굿즈를 포장하는 방법에는 어떤 것들이 있는지 살펴봐야겠죠? 본문에서 소개하는 방법 외에도 다양한 방법들이 많지만, 처음 굿즈를 제작하고 판매하며 성장해갈 때 활용하기 쉬운 방법을 위주로 살펴보겠습니다.

01   OPP 봉투를 활용한 포장 방법

처음 굿즈를 제작하면 주로 지류 또는 작거나 납작한 형태의 굿즈를 많이 제작하게 됩니다. 이러한 굿즈들은 대부분 OPP 봉투에 넣어 포장을 하면 용이합니다. OPP 봉투는 크게 접착식, 비접착식으로 나뉘며, 용도에 따라 고리에 걸 수 있도록 되어 있는 OPP 헤더봉투도 있습니다. OPP 봉투는 사이즈도 다양하며, 단가가 높지 않기 때문에 손쉽게 활용할 수 있습니다.

01-1   OPP 봉투와 스티커

OPP 봉투에 스티커를 부착하는 형식은 가장 쉽게 여러 굿즈에 활용할 수 있는 기본적인 포장 방법입니다. 이 방법은 봉투를 봉한 상태에서 스티커를 추가적으로 부착하는 것이므로 접착식 OPP를 주로 사용합니다. 소규모의 플리마켓과 같은 판매처에서 판매할 때에는 다음의 사진과 같이 접착식 OPP 봉투에 넣은 후, 견출지에 가격만 적어 부착한 형태로도 많이 판매합니다.

접착식 OPP 봉투에 가격을 적은 견출지만 부착한 예시

그러나 어느 정도 규모가 있는 판매처에서 판매하기 위해서는 스티커에 품질표시와 바코드 등이 포함되어야 하는 경우가 많습니다. 스티커는 다음의 예시들과 같이 다양한 형태가 될 수 있습니다.

PART 05_굿즈 포장하기 ● 209

다음 예시의 경우, 전면부에 있는 문구나 내용이 주가 되는 상품은 이를 가리지 않는 것이 중요하기 때문에, 뒷면에만 스티커만 붙여 마무리했습니다.

접착식 OPP 봉투의 뒷면에 상품 정보 스티커를 부착한 예시

다음은 상품을 더 돋보이게 하기 위해서, 스티커를 길게 제작하여 앞뒤로 이어 부착한 경우입니다. 이러한 방식은 OPP 봉투를 열 수 없도록 하여 도난이나 상품 훼손을 방지하는 효과를 줄 수 있습니다. 앞면에는 전체 디자인을 요약한 귀여운 그림을 담고 뒷면에는 품질표시, 바코드, 가격 등의 상품 정보를 담아 부착했고, 앞면에 있는 스티커도 상품의 주가 되는 그림과 문구는 가리지 않았습니다. 또한, 이 상품은 카드이므로 어울리는 색상의 카드 봉투도 제작하여 OPP 봉투에 함께 넣어 포장을 마무리했습니다.

디자인을 추가하여 앞에서 뒤로 이어지도록 스티커를 부착한 예시

01-2 OPP 봉투와 헤더택

헤더택이란 OPP 봉투의 윗부분에 접지 형식으로 들어가는 택을 의미합니다. 헤더택은 어울리는 상품에 적절히 사용하면 전체적인 퀄리티를 높여주는 효과가 있으며, 추가로 타공할 경우 고리에 걸어 디스플레이할 수도 있기 때문에 매우 실용적입니다. 단, 스티커만 부착하는 경우보다는 원가가 조금 더 높아집니다. 헤더택을 활용하는 경우에는, 헤더택을 스테이플러로 찍어 포장을 마무리하므로 보통 비접착식 OPP 봉투를 사용합니다. 비접착식 OPP 봉투에 상품을 넣고, 헤더택을 봉투에 약간 겹치게 접은 뒤 스테이플러를 찍는 방식입니다. OPP 봉투에만 넣어 마무리하기에는 허전하거나, 상품의 두께감이 약간 있는 경우 활용하기에 좋습니다.

다음은 헤더택을 활용하면서도 포장의 디자인이 상품의 느낌을 그대로 이어가도록 하여, 상품이 더 돋보일 수 있도록 포장을 마무리한 경우입니다.

헤더택을 활용하여 포장한 예시

팁

고리에 걸 수 있도록 헤더택에 타공을 하는 경우, 구멍의 크기에 유의하는 것이 좋습니다. 판매처에서 헤더택이 있는 굿즈를 디스플레이할 때에는, 타공판이나 메쉬망에 후크를 걸어 그 후크에 굿즈를 거는 경우가 대부분입니다. 이때 대부분의 후크 지름이 5mm이기 때문에, 구멍의 크기를 동일하게 지름 5mm로 뚫을 경우 상품이 후크에 쉽게 걸리지 않아 디스플레이하기에 어려움이 있을 수 있습니다. 또한 후가공 공정에는 항상 약간의 오차가 있을 수밖에 없기 때문에, 접지를 했을 때 타공한 양쪽의 구멍이 정확하게 일치하지 않는 경우도 많습니다. 이렇게 되면 접었을 때 구멍의 크기가 더 작아지게 되는 것이나 마찬가지이므로, 여러 변수를 고려하여 지름을 최소 6mm 이상으로 제작하는 것이 편리합니다.

01-3 OPP 봉투와 뒷대지

굿즈의 특성에 따라 뒷대지를 제작하여 OPP 봉투에 함께 넣는 것이 적합한 경우가 있습니다. 뒷대지란 상품의 뒷부분에 두께감이 있는 종이를 대는 것을 말합니다. 상품이 투명하여 OPP 봉투에만 넣으면 내용물이 잘 보이지 않거나, 뒷대지에 인쇄를 추가하여 상품을 돋보이게 하고 싶을 때, 또는 상품의 뒷면에 품질표시와 같은 내용만 넣기보다는 더 다양한 설명이나 재미있는 내용 혹은 그림을 넣고 싶을 때 사용하면 효과적인 방법입니다.

투명스티커의 경우, 스티커 자체가 투명하기 때문에 OPP 봉투에만 넣으면 굿즈의 내용이 잘 보이지 않습니다. 따라서 흰색 뒷대지를 함께 넣어줌으로써 그림이 더 잘 보일 수 있게 했습니다. 그리고 뒷대지의 뒷면에 품질표시와 바코드 등을 인쇄하여 포장을 마무리하면 스티커를 추가적으로 부착하지 않아도 되기 때문에 포장의 절차도 더욱 간단해집니다.

투명한 굿즈가 잘 보이도록 하얀 뒷대지를 활용한 예시

다음 예시의 경우, 뒷대지의 뒷면에 상품에 대한 정보와 그림을 추가 인쇄했습니다. 상품의 전체적인 완성도가 높아지고 포장의 절차도 간단해지며, 구매자에게 상품에 대한 정보를 더 직관적이고 친절히 전달할 수 있습니다.

뒷대지의 뒷면에 그림이나 문구를 추가 인쇄하여 활용한 예시

다음은 앞면에 재미있는 그림과 문구를 인쇄하여 상품이 돋보일 수 있도록 뒷대지를 활용한 경우입니다. 어느 정도 상품의 두께감이 있어 여러 개를 나열하는 것보다 고리에 걸어서 디스플레이하는 것이 효과적일 수 있기 때문에 앞에서 언급했던 OPP 헤더봉투를 사용했습니다. OPP 헤더봉투는 '헤다봉투', '헤더OPP', '헤다OPP' 등 여러 이름으로 불리고 있으니 검색 시 참고하기 바랍니다.

뒷대지의 앞면에 그림이나 문구를 추가 인쇄하여 활용한 예시

02 박스를 활용한 포장 방법

박스는 깨지기 쉽거나, 부피가 크거나, 사이즈가 각기 다른 다량의 상품이 한 세트일 때 효과적으로 활용할 수 있습니다. 박스의 경우, 기성품은 소량 구매가 쉬우나 알맞은 사이즈를 구하기가 어렵고, 원하는 사이즈로 제작하기에는 최소수량이 많고 단가도 저렴하지 않아 OPP 봉투보다는 진입장벽이 조금 높은 포장 방법입니다.

02-1 박스와 스티커

상품의 크기에 맞게 박스를 제작하고, 그 위에 상품의 품질표시, 바코드, 가격 등을 담은 스티커를 제작하여 붙이는 방식입니다. 최대한 저렴하게 박스 포장 방식을 활용할 수는 있지만, 디스플레이를 했을 때 미관이 좋지는 않으므로 실용적인 포장이 필요할 때에 효과적입니다.

다음은 파손의 위험이 큰 상품을 크기가 정확히 일치하도록 제작한 박스를 활용하여 포장한 경우입니다. 내용물의 크기에 맞춰 제작했기 때문에 구매자가 상품을 구매한 후 이동하는 중에도 파손의 위험이 크게 줄어듭니다. 또, 스티커에 품질표시 외에도 파손 위험에 대한 고지를 함께 넣어 실용적으로 활용했으며, 박스 내부가 보이지 않으므로 스티커에 내용물에 대한 그림을 간단히 그려 넣어 확인이 가능하도록 제작했습니다.

박스와 스티커를 활용하여 포장한 예시

02-2 인쇄 제작한 박스

인쇄와 후가공을 통해 디스플레이에도 효과적인 높은 퀄리티의 박스를 제작하는 방식입니다. 단가가 높기 때문에 진입장벽은 높으나, 판매 시 디스플레이에도 용이하고 상품 전체의 퀄리티를 크게 높여줄 수 있으므로 장점이 명확한 방법입니다.

상품의 크기와 디자인에 적합하게 박스를 디자인하고, 내부가 보일 수 있도록 후가공을 더해 제작한 인형 박스입니다. 박스의 뒷면에 품질표시, 바코드, 그 외 다양한 상품 정보를 한 번에 인쇄하여 제작했기 때문에 별도로 스티커를 부착할 필요가 없어 포장의 공정을 줄일 수 있습니다.

인쇄 제작한 박스를 활용하여 포장한 예시

박스를 제작할 때에는 먼저 박스 제작 업체를 선정하여 미팅 일정을 잡은 뒤, 직접 포장할 상품을 가지고 방문하면 됩니다. 종이의 종류, 후가공의 방식도 무궁무진하기 때문에 원하는 디자인과 예산을 고려하여 미팅을 진행합니다. 이후 업체에서 제작한 박스의 샘플을 확인하고, 피드백을 주고받으며 박스의 양식을 확정합니다. 확정된 양식에 따라 업체에서 전달해주는 박스 도면 파일에 디자인 작업을 하여 재전송하면 절차가 완료됩니다. 그러나 실제 인쇄 색상은 화면상으로 볼 때와 차이가 있을 수 있으므로, 색상이 매우 중요한 박스의 경우 일정을 잡아 직접 인쇄 감리를 보러 가서 색상을 확인하고 조절하는 것이 좋습니다. 반면 디자인이 크게 중요하지 않은 박스라면 포장할 상품과 원하는 양식, 박스의 샘플을 업체와 택배로 주고받으며 확정한 후 납품받으면 됩니다.

03 행택

일반적으로 옷을 살 때 달려있는 택과 같은 형태를 의미합니다. 반드시 따로 포장이 필요하지 않거나, 어떠한 포장 방법도 적합하지 않을 경우에 활용할 수 있는 방법입니다. 상품이 훼손되지 않도록 품질표시와 바코드, 가격 등이 적힌 행택을 다는 것으로 간단히 마무리할 수 있습니다.

다음 예시의 경우, 상품을 따로 포장하지 않고 그대로 디스플레이하는 경우가 대부분이며 별도의 포장 공정이 필요하지 않기 때문에 행택만 걸어 포장을 마무리했습니다. 작은 행택이지만 상품의 느낌이 이어질 수 있도록 디자인해 제작했습니다.

별도의 포장 없이 행택을 활용하여 마무리한 예시

04 나만의 굿즈 포장 제작하기

굿즈의 포장을 제작하기 전에, 어떤 포장 방법을 선택할 것인지, 크기는 어떻게 할 것인지를 먼저 확정해야겠죠? 그러면 이제부터는 방법과 크기를 확정했다고 가정하고, 각 카테고리별로 하나씩 함께 제작해보겠습니다. 대략적인 틀은 굿즈를 제작할 때와 크게 다르지 않아 쉽게 완성할 수 있습니다.

01 스티커

스티커는 앞에서 살펴봤던 예시들 중 카드의 포장에 활용했던 것을 제작해보겠습니다. 글씨를 넣거나 그림을 그려 넣는 부분은 굿즈를 제작할 때와 동일한 과정이므로, 중요한 부분을 위주로 살펴보겠습니다.

스티커의 전체 크기는 카드를 담을 OPP 봉투의 사이즈에 알맞도록 계산하여 가로 95mm, 세로 21mm로 제작하고자 합니다. 아트보드의 사이즈는 재단선을 고려하여 사방으로 1mm씩 크게 가로 97mm, 세로 23mm로 엽니다.

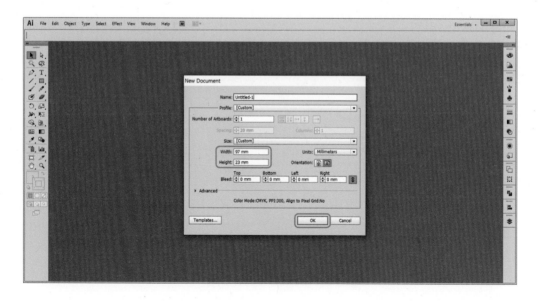

[Rectangle Tool]을 클릭하여 실제 스티커 사이즈인 가로 95mm, 세로 21mm를 입력하고 [OK] 버튼을 클릭합니다.

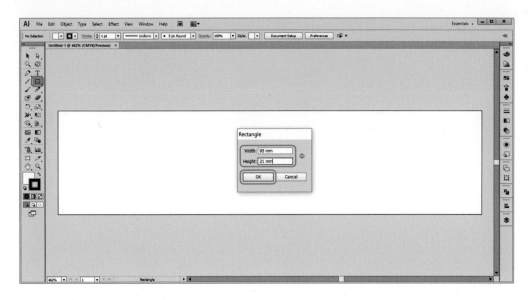

[Align to Artboard]를 클릭하고 가로 방향, 세로 방향 모두 가운데 정렬을 클릭해 아트보드의 정 중앙에 사각형이 놓이도록 합니다.

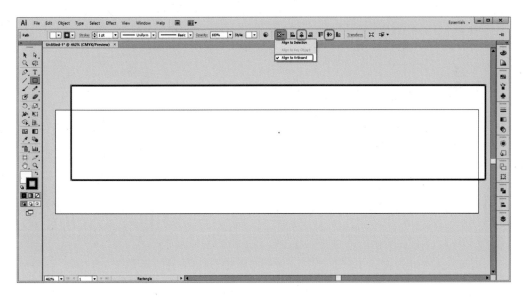

이 사각형은 재단선이므로 [Stroke]의 굵기를 가늘게 설정하고 색상은 빨간색으로, [Fill]은 [None]으로 변경합니다.

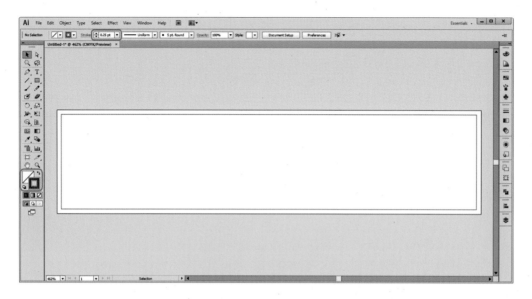

재단선을 그린 레이어를 잠그고, 새 레이어를 켜 재단선 레이어 아래로 위치시킵니다.

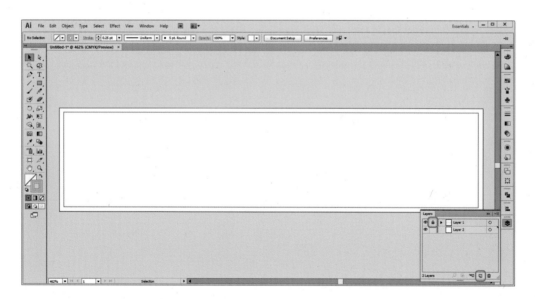

앞뒤로 길게 이어 부착되는 스티커이므로, 접혀야 할 곳을 계산하여 왼쪽에서부터 25mm 떨어진 곳으로 설정했습니다. 보조선의 역할을 할 사각형을 가로 25mm의 크기로 그리고 재단선 좌측에 맞게 위치시킵니다. Ctrl+U를 눌러 Smart Guides를 켜고 사각형의 오른쪽 선과 같은 위치에 선을 그립니다. 이때, 선은 아트보드의 세로 길이와 동일하게 끝까지 그립니다.

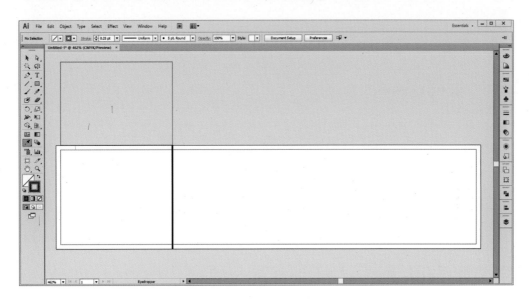

포장 시 접히는 위치를 알려주는 선이므로, 연한 색상으로 변경한 후 Stroke 패널에서 [Dashed Line]에 체크하여 점선으로 설정해줍니다.

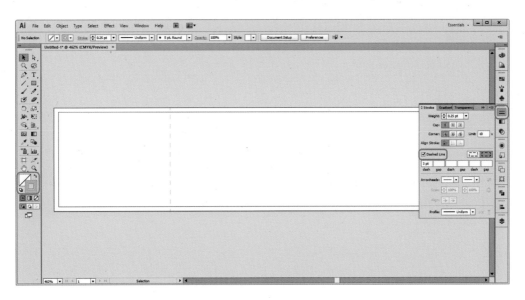

Type Tool을 활용해 상품명을 간단히 입력해 넣고, 글자 크기와 색상 및 위치를 알맞게 조절합니다.

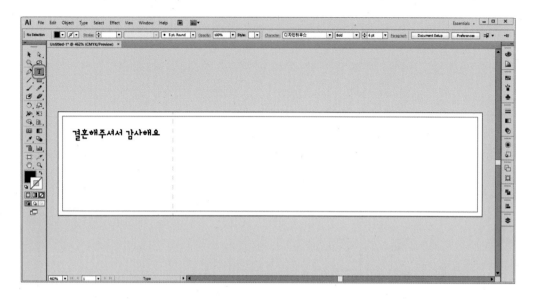

앞에서 배운 기능들을 활용해 상품의 디자인을 간략히 그림으로 그려 넣습니다.

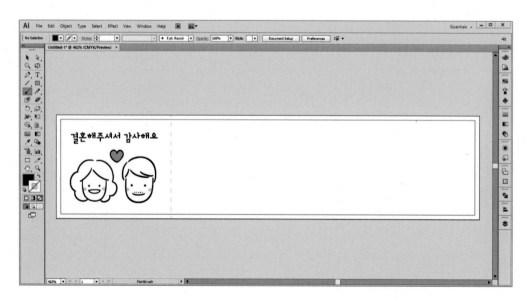

Type Tool을 활용해 상품명과 품질표시를 입력해 넣고, 글자 크기와 색상 및 위치를 알맞게 조절합니다. 필자는 상품명이 가장 잘 보이도록 더 두껍고 큰 글씨로 설정했습니다.

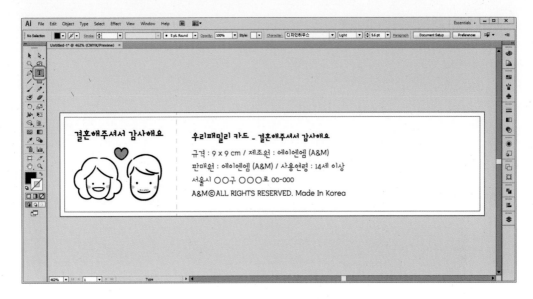

Type Tool을 활용해 상품의 가격을 입력해 넣고, Rectangle Tool을 활용해 가격의 테두리에 알맞은 크기의 사각형을 그려 넣습니다.

추후에 미세 위치 조정이 용이하도록, 가격 글자와 사각형을 선택하고 마우스 오른쪽 버튼을 클릭한 후 [Group]을 선택하여 그룹으로 묶어줍니다.

바코드를 삽입할 차례입니다. 앞에서 살펴본 과정대로 코리안넷에 가입을 완료했다면, 코리안넷 홈페이지(www.koreannet.or.kr)에 접속해 로그인합니다.

[유통표준코드 관리] - [유통표준코드 생성 및 관리] - [유통표준코드 생성(바코드 생성)] 탭을 순서대로 클릭합니다.

상품 기본정보에 해당되는 정보를 입력합니다.

화면의 빈칸에 상품에 해당되는 정보를 입력하고, [유통표준코드(GTIN) 생성] 버튼을 클릭합니다.

생성된 바코드 아래에 있는 [EPS 파일다운로드] 버튼을 클릭하여 EPS 파일을 다운로드합니다. EPS 파일은 일러스트레이터에서 열어 편집할 수 있는 파일 형식입니다.

다운로드한 바코드의 EPS 파일을 더블클릭하여 일러스트레이터에서 엽니다. 이때 폰트가 없다는 오류 창이 뜰 수 있으나, [OK] 버튼을 눌러줍니다. 바코드 전체를 선택하고 Ctrl+C를 눌러 복사합니다.

작업하던 파일로 돌아와 Ctrl + V 를 눌러 바코드를 붙여넣기합니다.

스티커의 오른쪽에 바코드를 알맞은 크기로 조절하여 위치시킵니다. 단, 바코드는 비율이 원본과 동일해야 인식 가능하므로 사이즈 조절 시 꼭 Shift 를 누른 채로 신중히 조절합니다. 또, 바코드 우측 하단의 '〉' 표시는 이 기호가 끝나는 선까지는 우측에 흰 여백이 있어야 바코드가 인식된다는 의미입니다. 따라서 바코드의 양 끝까지는 다른 그림이나 글씨가 침범하지 않도록 흰 여백을 유지해야 합니다. 인쇄를 모두 마친 후 바코드 인식이 되지 않는 문제가 발생하지 않도록 꼭 유의합니다.

바코드는 막대의 길이가 지나치게 짧아지지만 않는다면 어느 정도 길이를 조정해도 인식 가능합니다. 바코드 막대의 길이를 스티커의 사이즈에 알맞게 조절하기 위해 Ⓐ를 눌러 Direct Selection Tool로 바코드의 맨 위 점들만 선택해줍니다.

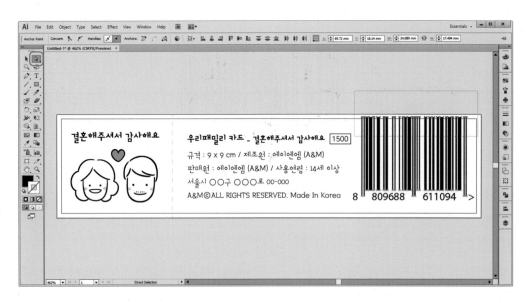

Direct Selection Tool로 선택한 점들을 아래로 이동해 바코드 막대를 알맞은 길이로 조절합니다. 단, 이때에도 점이 좌우로 이동되면 바코드 인식에 오류가 생길 수 있으므로 꼭 Shift를 누른 채로 신중히 아래 방향으로만 이동합니다.

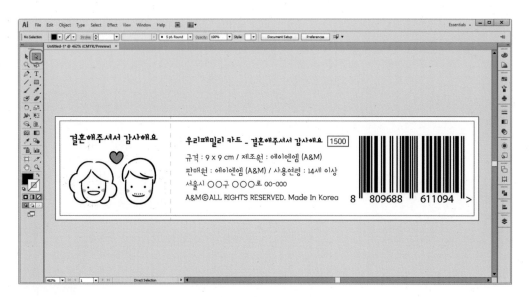

[Select] – [Object] – [Text Objects]를 클릭하여 모든 글자를 선택하고, [Type] – [Create Outlines]를 클릭합니다.

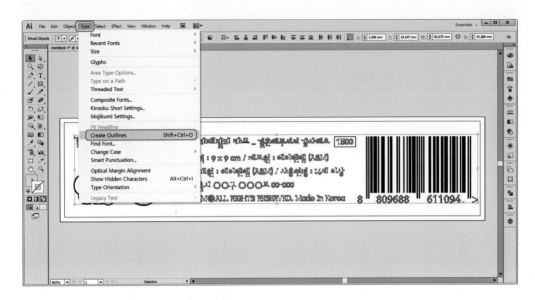

ⓥ를 눌러 Selection Tool로 모든 요소들을 선택하고, 마우스 오른쪽 버튼을 클릭한 후 [Group]을 선택하여 모든 요소를 그룹으로 묶어줍니다.

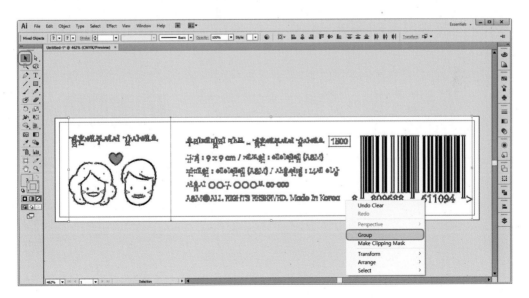

잠가 두었던 레이어의 잠금을 풀고, 레이어 이름을 더블클릭하여 알맞게 변경하여 정리합니다.

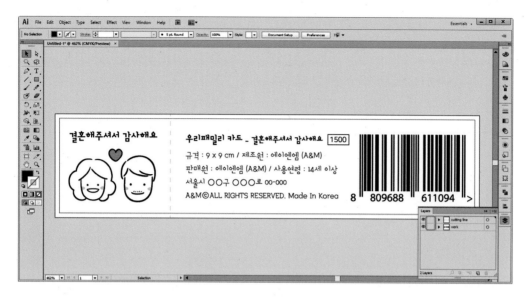

포장 스티커 제작이 모두 마무리되었습니다.

02   헤더택

헤더택은 앞에서 살펴봤던 예시들 중 손거울의 포장에 활용했던 것을 제작해보겠습니다. 헤더택의 사이즈는 눈대중으로 예상하기 어렵기 때문에, 종이를 잘라 반으로 접어 OPP 봉투에 직접 대보면서 크기를 계획하는 것이 좋습니다.

헤더택은 접힌 상태로 생각하기 쉬우나, 제작할 때에는 펼쳐진 상태로 제작해야 합니다. 따라서 세로 사이즈는 접었을 때 계획한 크기의 두 배가 되어야 합니다. 필자는 접었을 때 헤더택의 사이즈를 가로 90mm, 세로 40mm로 계획했기 때문에, 작업 사이즈는 가로 90mm, 세로 80mm가 되어야 합니다. 재단선을 고려하여 사방으로 1mm씩 더 크게 아트보드를 열어줍니다.

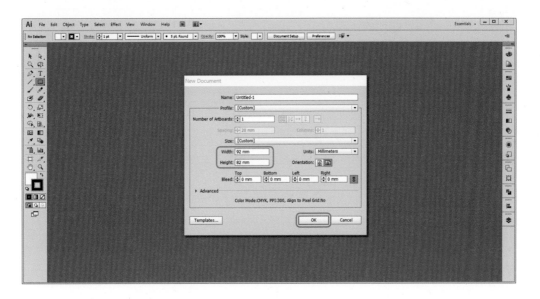

[Rectangle Tool]을 클릭하여 실제 헤더택 사이즈인 가로 90mm, 세로 80mm를 입력하고 [OK] 버튼을 클릭합니다.

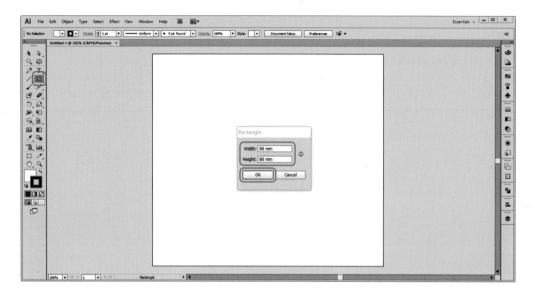

[Align to Artboard]를 클릭하고 가로 방향, 세로 방향 모두 가운데 정렬을 클릭해 아트보드의 정 중앙에 사각형이 놓이도록 합니다. 이 사각형은 재단선이므로 Stroke의 굵기를 가늘게 설정하고 색상은 빨간색으로, Fill은 [None]으로 변경합니다.

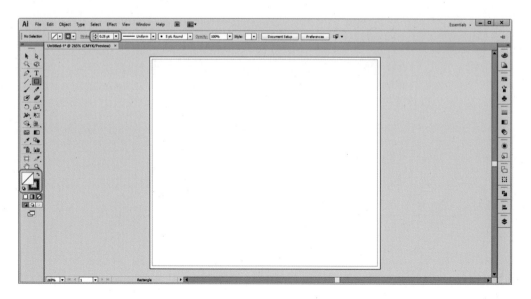

헤더택은 반을 접어야 하므로, 오시선을 넣어줘야 합니다. 오시선을 중앙에서부터 그릴 수 있도록 Ctrl+U를 눌러 Smart Guides를 켭니다. [Line Segment Tool]을 클릭한 후 사각형의 중앙을 클릭하고, Alt와 Shift를 누른 채로 아트보드의 양 끝까지 직선을 그려줍니다.

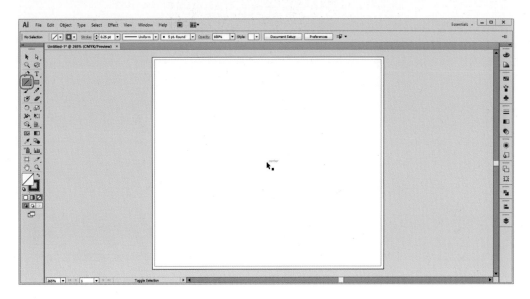

오시선을 재단선과 같은 굵기와 색상으로 설정하고, 아트보드 바깥에 글자로 오시선임을 표기합니다.

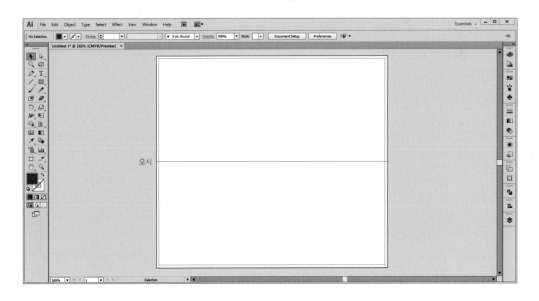

타공할 구멍을 넣기 위해 [Ellipse Tool]을 클릭하고 화면을 한 번 클릭합니다. 앞에서 언급했던 대로 구멍의 크기는 여유가 있는 것이 좋으므로, 지름 6mm의 크기로 넣어보겠습니다.

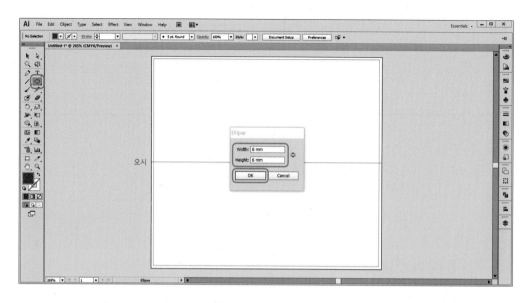

[Align to Artboard]를 클릭하고 가로 방향 가운데 정렬을 클릭해, 아트보드의 중앙에 타공 구멍이 놓이도록 합니다.

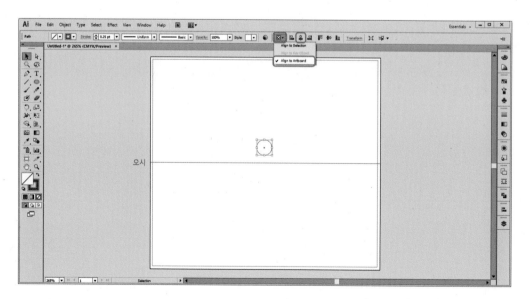

타공 구멍은 헤더택이 접혔을 때 동일한 위치에 있어야 하므로, 오시선으로부터 같은 간격을 두고 두 개를 그려야 합니다. 타공 위치는 추후에 변경할 수 있지만, 일단 그려놔야 내용의 위치를 정하기 쉬우므로 적절한 위치에 임시로 위치시킵니다. 적절한 크기의 보조선의 역할을 할 사각형을 아트보드의 정중앙에 위치시키고, 원을 한 개 복사하여 다음과 같이 배치합니다. 타공할 구멍 두 개를 배치한 후 사각형은 지워줍니다.

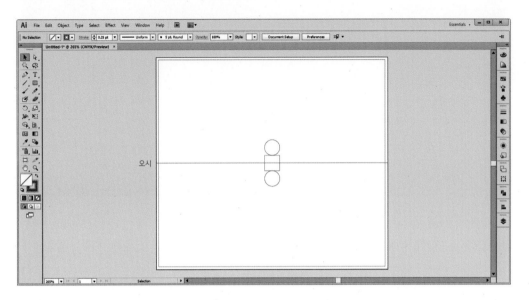

재단선을 그린 레이어를 잠그고, 새 레이어를 켜 재단선 레이어 아래로 위치시킵니다.

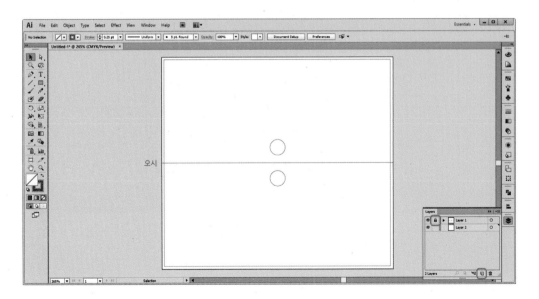

헤더택의 전체 색상을 Rectangle Tool을 활용해 아트보드에 맞게 그려줍니다.

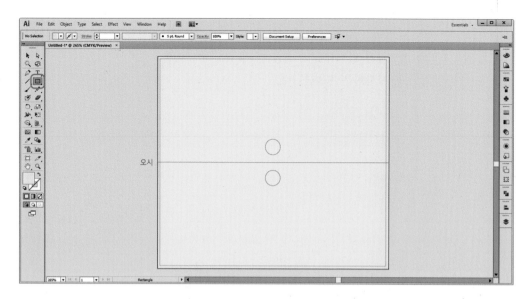

헤더택의 앞면에 Type Tool을 활용해 상품명을 입력하고, 글자 크기와 색상 및 위치를 알맞게 조절합니다. 또, 앞에서 배운 기능들을 활용해 상품의 디자인과 어울리는 그림을 그려 넣습니다.

헤더택은 접히기 때문에 뒷면은 상하 반전이 되어 있습니다. 작업을 편리하게 할 수 있도록 Ⓥ를 눌러 Selection Tool로 모든 요소들을 선택하고, Shift를 누른 채로 180도 회전시킵니다.

Type Tool을 활용해 상품명과 품질표시를 입력하고, 글자 크기와 색상 및 위치를 알맞게 조절합니다. 필자는 상품명이 가장 잘 보이도록 더 두껍고 큰 글씨로 설정했습니다.

앞에서 작업했던 것과 같은 과정으로 상품의 가격과 바코드를 삽입해줍니다. 바코드는 배경색이 어두우면 인식에 오류가 있을 수 있습니다. 예시 작업의 경우 색상이 어둡지는 않지만, 인식률을 높이기 위해 알맞은 크기의 흰색 사각형을 바코드 뒤에 넣어주었습니다. 가격 또한 더 잘 보일 수 있도록 사각형에 흰 색상을 넣어줍니다.

임시로 위치했던 타공 구멍의 위치를 재조정하기 위해 작업물 레이어를 잠그고, 잠가두었던 재단선 레이어를 잠금 해제합니다.

타공 구멍의 위치를 알맞게 조정합니다. 이때, 오시선을 기준으로 같은 간격으로 배치되도록 유의합니다.

헤더택의 앞면도 문제가 없는지 최종적으로 확인하기 위해, 모든 요소를 선택하고 180도 회전하여 최종 검수를 진행합니다.

[Select] - [Object] - [Text Objects]를 클릭하여 모든 글자를 선택하고, [Type] - [Create Outlines]를 클릭합니다.

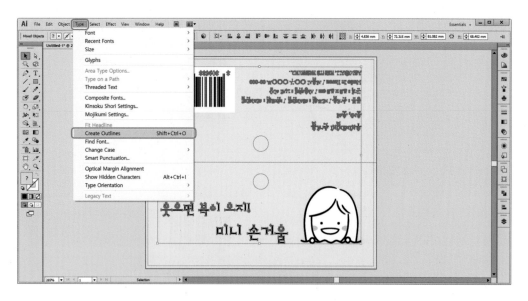

Ⓥ를 눌러 [Selection Tool]로 모든 요소들을 선택하고, 마우스 오른쪽 버튼을 클릭한 후 [Group]을 선택하여 모든 요소를 그룹으로 묶어줍니다.

헤더택 제작이 모두 마무리되었습니다.

03   뒷대지

뒷대지는 앞에서 살펴봤던 예시들 중 접착메모지의 포장에 활용했던 것을 제작해보겠습니다. 뒷대지는 전체적으로 엽서 굿즈 제작 방법과 동일하기 때문에 매우 쉽습니다. 접착메모지의 사이즈가 가로 70mm, 세로 70mm이므로, 사방으로 1mm씩 여유를 주고 아트보드를 열어줍니다.

재단선을 그리고 선의 굵기와 색을 조절한 후 가운데 정렬합니다. 그다음 재단선 레이어를 잠그고 새 레이어를 열어 재단선 레이어 아래로 위치시킵니다.

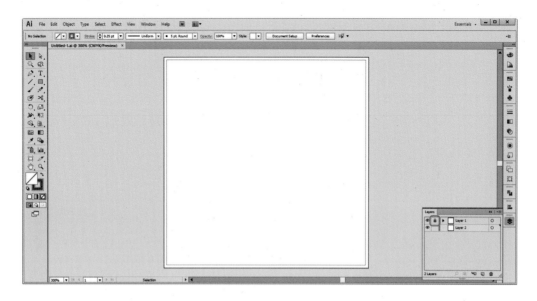

상품의 디자인을 간단히 표현한 그림을 그려 넣습니다.

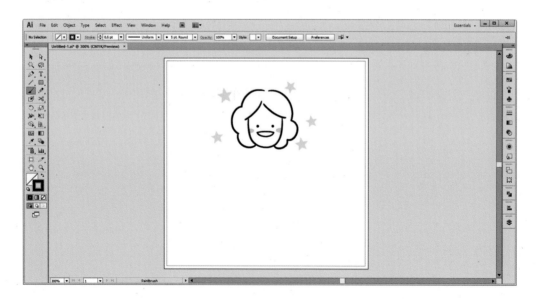

상품명과 상품에 대해 구매자가 알아야 할 간단한 정보를 Type Tool을 활용해 입력합니다. 글자 크기와 색상 및 위치를 알맞게 조절합니다.

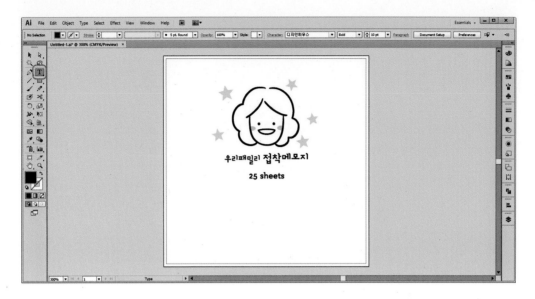

가독성을 위해 가운데에 Line Segment Tool을 활용하여 가로 선을 넣어줍니다.

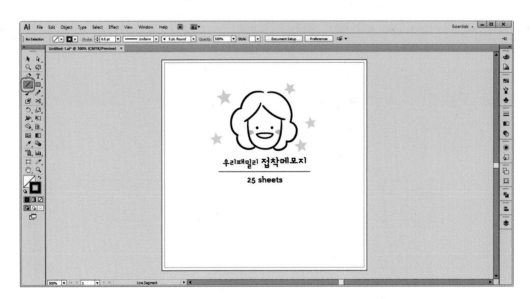

[Align to Artboard]를 클릭하고 가로 방향 가운데 정렬을 클릭해 아트보드의 중앙에 선이 놓이도록 합니다.

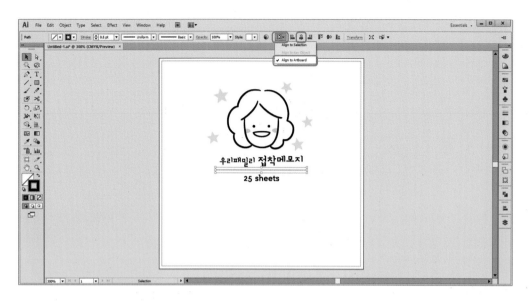

상품의 품질표시, 가격 및 바코드를 삽입합니다. 뒷대지 제작이 모두 마무리되었습니다.

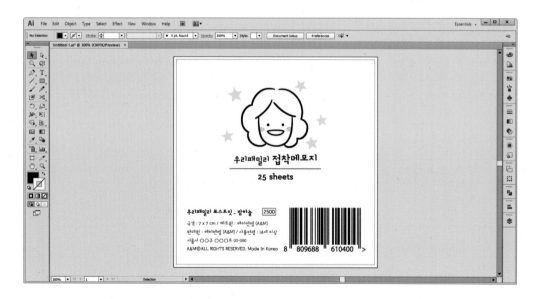

04 박스

박스는 앞에서 살펴봤던 예시들 중 인형의 포장에 활용했던 것을 제작해보겠습니다. 단, 앞에서 살펴본 인형 박스는 너무 복잡하므로 간소화하겠습니다. 업체와 협의한 후 전달받은 박스의 도면을 열어 작업하면 되지만, 지금은 받은 도면이 없으니 박스 도면을 먼저 간략히 그려보겠습니다. 박스의 도면을 그리기 위해 대략적인 크기로 아트보드를 열어줍니다.

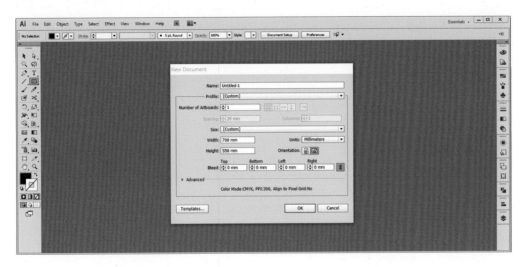

[Rectangle Tool]을 클릭하여 박스의 전면부 크기로 사각형을 그려 넣습니다. 가로 150mm, 세로 200mm로 설정해보겠습니다.

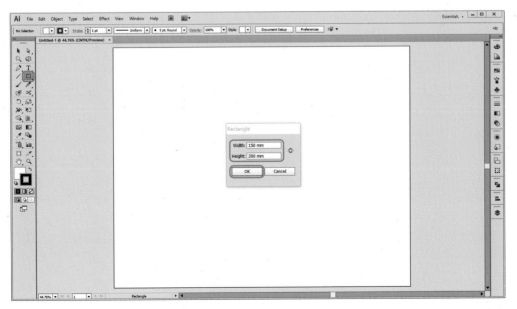

Ctrl+U를 눌러 Smart Guides를 켜고, 사각형을 선택한 후 Alt와 Shift를 누른 채로 두 사각형이
이어지도록 복사합니다.

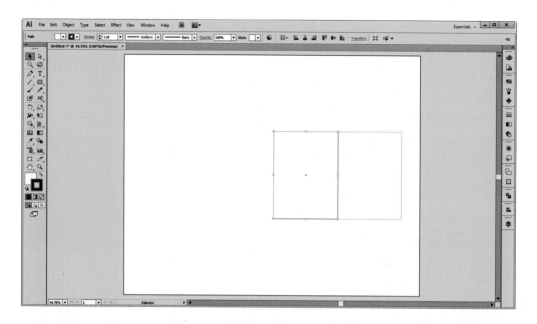

Ctrl+D를 두 번 눌러 사각형 네 개가 이어 붙도록 복사합니다.

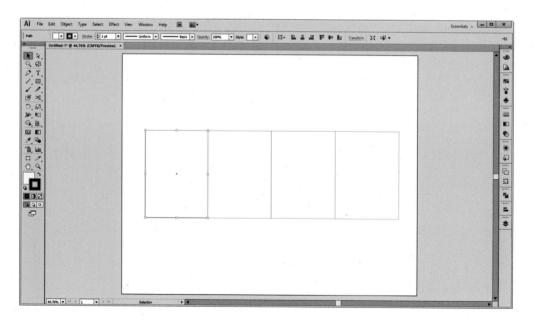

Rectangle Tool을 활용하여 박스의 윗면을 대략적으로 그려줍니다.

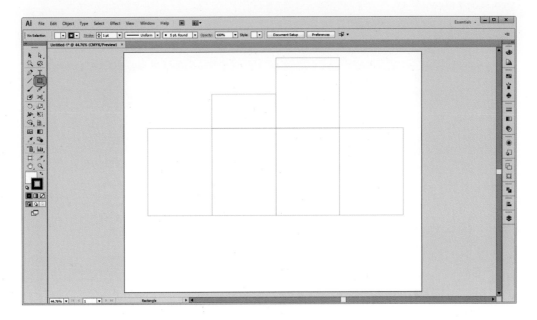

박스가 접혀 들어가는 부분을 사다리꼴로 만들기 위해, Direct Selection Tool로 맨 위 두 점만 선택합니다.

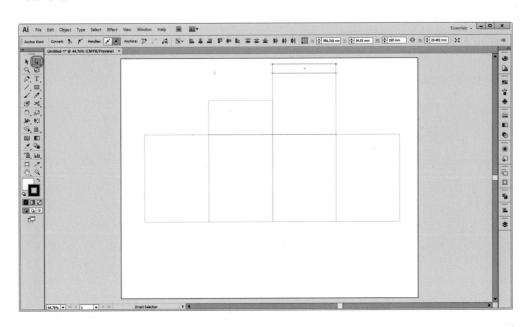

E를 눌러 Free Transform Tool를 활성화하고, Alt를 누른 채로 사이즈를 적절히 줄여 사다리꼴로 만들어줍니다.

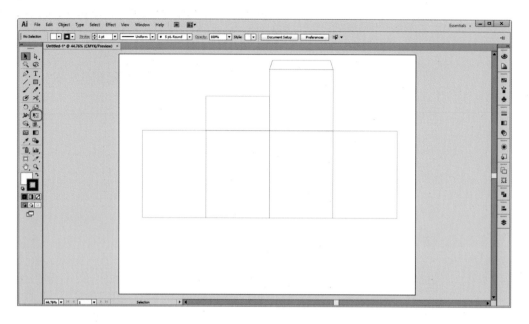

동일한 방식으로 박스의 윗면 날개 부분도 사다리꼴로 만들어줍니다.

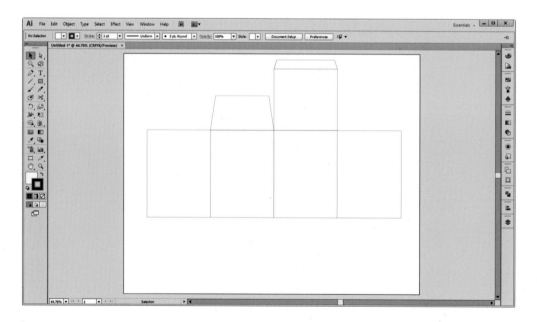

같은 방법으로 박스의 도면을 완성합니다. 도면을 그린 레이어를 잠그고, 새 레이어를 켜 도면 레이어 아래로 위치시킵니다.

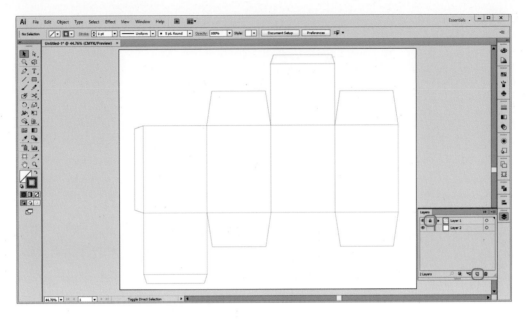

박스의 전체 색상을 Rectangle Tool을 활용해 아트보드에 맞게 그려줍니다. 배경색을 넣은 레이어를 잠그고, 새 레이어를 켜 도면 레이어와 배경색 레이어 사이에 위치시킵니다.

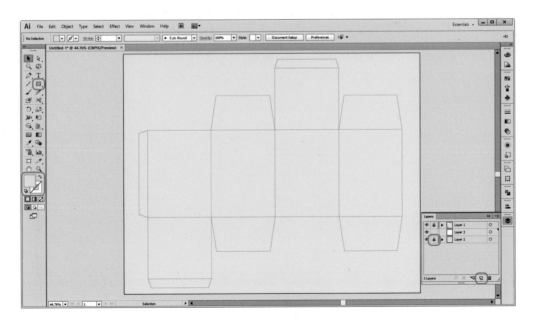

[Rectangle Tool]을 길게 클릭해 [Rounded Rectangle Tool]을 선택하고 화면을 클릭합니다.

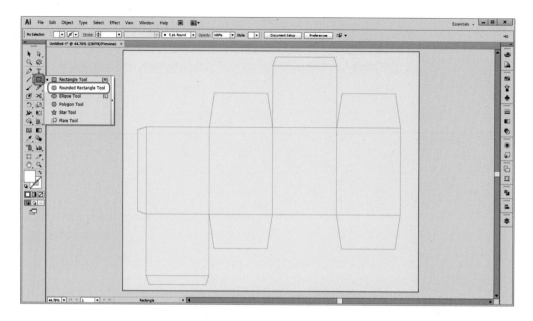

박스의 전면부에 뚫을 구멍의 크기로 Rounded Rectangle을 만들어줍니다. 가로 120mm, 세로 160mm, 코너 반경을 10mm로 설정해보겠습니다.

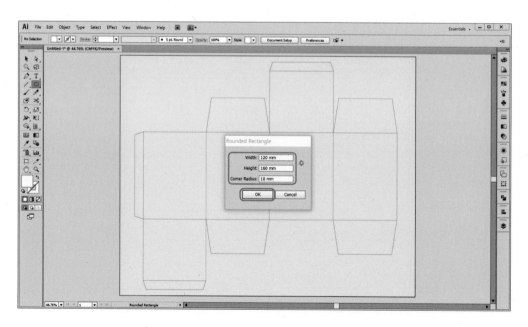

Smart Guides가 켜진 상태에서, 박스 전면부의 가운데에 박스 구멍을 위치시킵니다.

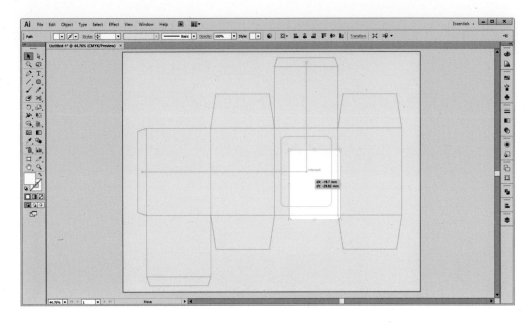

박스 전면부 작업을 하기 위해 Ⓩ를 눌러 Zoom Tool을 활성화한 뒤 전면부 부분만 확대합니다.

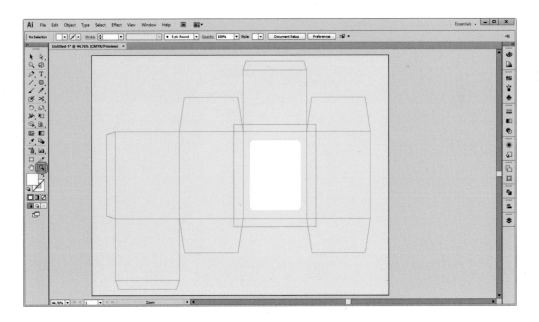

박스의 전면부에 Paintbrush Tool을 활용하여 말풍선을 그려 넣습니다.

Type Tool을 활용해 말풍선 안에 문구를 입력합니다.

제작 과정에서 말풍선이 잘리지 않도록, 박스에 뚫을 구멍은 그림과 약간 떨어져 있어야 합니다. 따라서 말풍선의 모양에 맞는 여백을 두고 구멍을 뚫기 위해 구멍 모양을 수정하겠습니다. 말풍선을 같은 위치에 한 개 더 복사하기 위해 Selection Tool로 말풍선을 선택하고, Ctrl+C를 누른 뒤 Ctrl+F를 누릅니다.

복사한 새 말풍선의 Stroke 색상을 눈에 잘 띄는 색상으로 변경합니다.

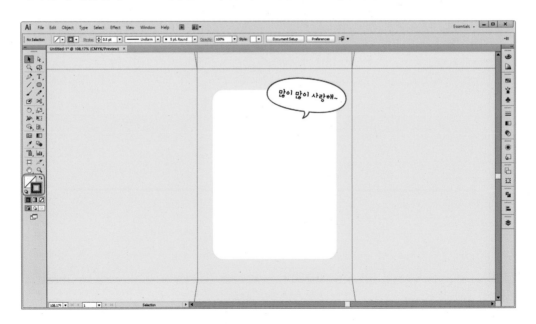

새 말풍선과 박스 구멍을 선택한 후, 마우스 오른쪽 버튼을 클릭하여 [Arrange] - [Send to Back]을 선택해 가장 뒤에 배치합니다.

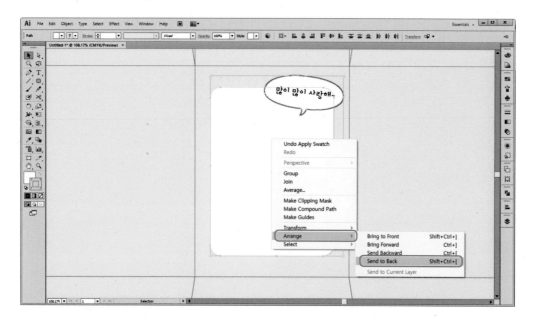

Selection Tool로 드래그하여 두 말풍선을 모두 선택한 후 Shift를 누른 채로 앞에 있는 말풍선을 클릭해, 뒤에 있는 새 말풍선만 선택합니다. 이때 글자는 선택되지 않도록 유의합니다.

선의 굵기를 굵게 조절하고, Stroke 패널에서 [Round Cap]과 [Round Join]을 클릭하여 모양을 둥글게 바꿔줍니다.

새 말풍선이 선택된 상태에서 [Object] - [Expand Appearance]를 클릭한 후 Expand를 적용합니다.

새 말풍선 작업을 편리하게 하기 위해 더블클릭하여 Isolation Mode를 엽니다.

새 말풍선이 선택된 상태에서 Pathfinder에서 [Unite]를 클릭하여 면을 합칩니다.

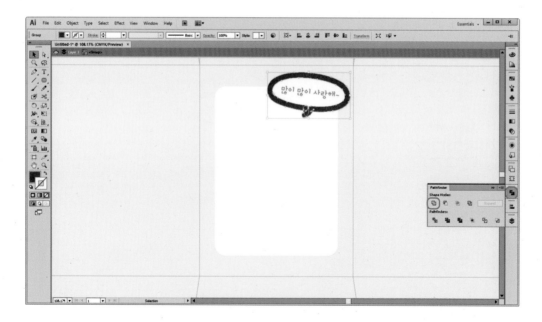

Direct Selection Tool로 새 말풍선 내부에 있는 선을 클릭하고, Del를 눌러 지워줍니다.

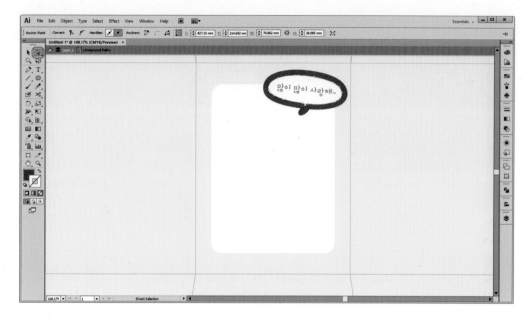

Esc를 눌러 Isolation Mode를 해제합니다.

새 말풍선과 박스 구멍을 선택하고, Pathfinder에서 [Divide]를 클릭하여 면을 나눕니다.

바로 마우스 오른쪽 버튼을 클릭하고 [Ungroup]을 선택하여 요소들을 그룹 해제합니다.

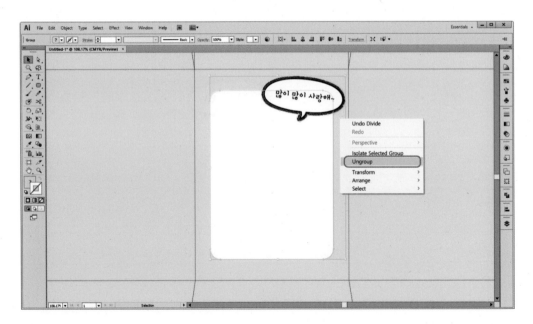

박스 구멍을 제외한 나머지 두 요소를 지워줍니다. 말풍선의 모양에 맞는 여백을 가진 박스 구멍이 완성되었습니다.

Alt + Ctrl + 0 을 눌러 전체 작업물이 보이도록 화면을 축소합니다. 박스 후면부 작업을 하기 위해 Z를 눌러 Zoom Tool을 활성화한 뒤 후면부 부분만 확대합니다.

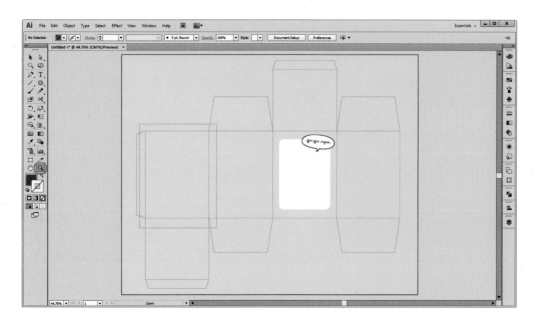

박스의 후면부에 적절한 그림을 그려 넣고, 상품의 품질표시 및 바코드를 삽입합니다.

박스 제작이 모두 마무리되었습니다.

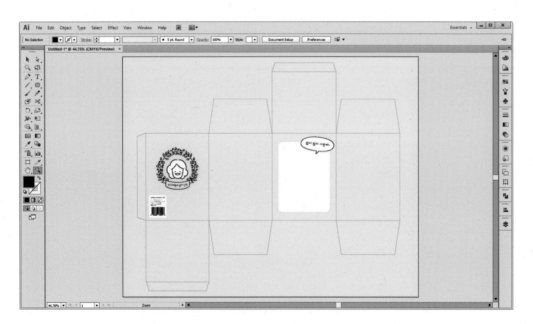

다양한 방법으로 포장한 굿즈들의 디스플레이 사진

굿즈 판매하기

포장까지 완료해서 굿즈의 처음부터 마무리까지 모두 배웠습니다. 그러면 마지막으로 무엇을 해야 할까요? 바로 판매입니다. 물론 처음에는 소장용 또는 이벤트용으로 극히 소량만 제작할 수도 있지만, 결국 굿즈 제작의 주목적은 판매입니다. 이번에는 굿즈의 판매와 관련된 부분을 하나씩 간단히 살펴보도록 하겠습니다.

01 굿즈 판매를 위해 고려해야 할 것들

굿즈의 제작과 판매는 같은 연장선상에 있으면서도 약간은 다른 개념입니다. 굿즈 제작은 작가로서 창작하는 것이라면, 판매는 사업자로서 생각해야 할 점들도 많기 때문입니다. 그렇다면 굿즈 판매를 위해 가장 먼저 고려해야 할 점에는 어떤 것들이 있을까요?

01 제작 수량과 재고 관리

굿즈 제작 시 가장 신중하게 결정해야 할 첫 번째 사항은 바로 제작 수량입니다. 판매처에 따라 방문하는 고객의 수도 다르고, 판매량이 높은 굿즈와 낮은 굿즈도 달라지기 때문에 준비해야 할 굿즈의 수량도 달라집니다. 따라서 수량을 몇 개 제작할지는 여러 조건을 고려하여 신중히 결정해야 하는데, 먼저 수량이 너무 모자라지 않도록 해야 합니다. 물론 처음 판매를 시작할 때에는 수량을 조금만 준비해 어떤 상품이 잘 팔리는지를 테스트해보는 것도 좋지만, 너무 소량을 준비하면 문제가 될 수 있습니다.

예를 들어 3일 동안 열리는 페어에 참가했는데, 특정 품목이 첫날 오전에 품절되어버린다면 수익의 측면에서뿐만 아니라 데이터를 수집할 수 없다는 점에서도 매우 아쉬운 상황이 될 수 있습니다. 물론 처음부터 정확히 계산하기는 어렵지만, 경험을 쌓고 데이터를 정리하다 보면 점점 계획을 세우기가 수월해질 것입니다. 필자도 처음에는 경험이 부족하고 판매하는 것만으로도 정신이 없어 어떤 판매처에서 얼마나 판매되었는지 데이터를 정리하지 못했습니다. 그러다 보니 그다음에 같은 곳에서 또 판매를 할 때에도 수량을 예측해 준비하는 데에 어려움이 있었습니다. 따라서 이러한 시행착오를 겪지 않도록 처음 판매할 때부터 어디에서, 어떤 요일에, 어떤 상품이 몇 개씩 나갔는지를 최대한 정리해서 데이터를 꼼꼼히 모은다면 점차 규모를 확장해 나가며 판매하는 데에 큰 도움이 될 것입니다.

페어에 참가하면 보통 페어에서 굿즈를 판매하는 것만 생각하기 쉽지만, 각종 판매처에서 입점 제안을 받는 경우가 생길 수 있습니다. 또, 항상 계획대로만 진행되는 것은 아니므로 갑작스러운 일정으로 다른 행사에 참가하게 될 수도 있습니다. 이런 경우에 재고가 아예 없다면 바로 계약을 진행하는 데에 차질이 생길 수 있습니다. 따라서 좋은 기회를 놓치지 않기 위해 약간의 여유분을 고려하여 수량을 결정하는 것을 추천합니다.

너무 모자라지 않게 수량을 정하는 것도 중요하지만, 너무 많이 남지 않게 제작하는 것도 중요합니다. 대중의 선택과 취향은 정말 예측 불가능합니다. 특정 상품의 예상 판매량과 실제 판매량이 다른 경우는 꼭 발생합니다. 또, 사람들이 좋아하는 상품과 구매하는 상품도 다를 수 있습니다. 굿즈를 보면서 즐거워하더라도, 최종적으로 구매하는 데에는 가격이나 실용성 등 다양한 요소에 의해 구매를 결정하기 때문에 호감도가 높은 상품과 구매량이 높은 상품은 다를 수 있습니다. 따라서 아직 어떤 상품이 인기가 있을지 잘 알지 못할 때 너무 많은 수량을 제작해버리면 악성 재고가 됩니다. 따라서 정확한 예측이 어렵더라도, 최대한 신중히 고려하여 수량을 정하는 것이 좋습니다.

필자는 보통 페어에 참가하거나 행사가 있을 때에 맞춰 신상품을 제작하는 편입니다. 이때 페어나 행사 외에도 입점해 있는 여러 판매처와 오프라인 매장에서 판매할 양까지 모두 고려하여 제작 수량을 결정합니다. 그래서 페어나 행사에서 갑자기 판매량이 늘더라도 여유분이 있어 수량이 부족할까봐 걱정할 일은 없지만, 이렇게 판매처를 늘리다 보면 또 다른 문제가 생깁니다. 바로 재고 관리입니다.

다양한 행사에 참가하고, 여러 판매처에 입점하고, 매장도 운영하려면 어느 정도의 재고를 여유롭게 보관하고 있다가 필요할 때마다 추가 입고를 해야 합니다. 추가 입고가 필요할 때마다 여유 재고가 없어 새로 제작을 한다면 일정에 차질이 생겨 일을 진행할 수 없습니다. 굿즈 제작 기간, 포장재 제작 기간, 포장 및 배송 기간도 필요한 데다 주말에는 업무 처리가 되지 않고, 중국에서 오는 품목인 경우 해외 배송에 문제가 생기면 2~3주씩 배송이 늦어지는 경우도 있습니다. 따라서 항상 어느 정도의 여유 재고를 가지고 있어야 합니다. 그렇다면 재고 관리 및 보관은 어떻게 해야 할까요?

처음 작은 마켓이나 페어를 위주로 판매할 때에는 부피가 작은 문구류나 지류 상품을 위주로 소량만 만들다 보니, 어느 정도 재고가 남아도 집이나 작업실에 보관할 수 있습니다. 그러나 생활용품 및 봉제류를 제작하면서 굿즈의 부피가 커지고, 한 번에 상품을 1000개, 2000개 이상 제작해야 할 때가 오면 재고를 따로 관리할 공간이 필요해집니다.

재고를 보관할 때 가장 신경 써야 할 부분은 굿즈가 상하지 않도록 관리하는 것입니다. 지류 상품의 경우, 햇빛이 드는 곳에 조금만 둬도 색이 쉽게 바래고, 전사 인쇄한 굿즈들도 박스에 넣어 고온다습한 곳에 두면 박스 색이 이염되기도 합니다. 또, 습도가 높으면 종이가 울기도 하고 종이끼리 이염되는 경우도 있습니다. 이렇게 소홀한 관리로 인해 많은 양의 굿즈를 한꺼번에 버리는 안타까운 문제가 발생하지 않도록, 온도와 습도를 적절히 하여 보관할 수 있는 공간을 찾는 것이 좋습니다.

재고 보관을 위해서는 창고를 이용할 수 있는데, 큰 컨테이너를 사용하는 창고들의 경우 면적 대비 가격은 저렴하지만 큰 물류를 중심으로 만들어져 있어 굿즈를 보관하기에는 적합하지 않을 수 있습니다. 개인 스토리지는 가격은 비싸지만 보통 24시간 운영하며 온도와 습도가 조절되고 깔끔한 편이어서 굿즈를 보관하기에 적합합니다. 필자는 굿즈의 퀄리티 유지를 위해 개인 스토리지를 이용하여 재고를 관리하고 있습니다.

부피감이 큰 상품을 제작하면 수량이 100~200개만 되어도 매우 많은 공간을 차지하게 되고, 부피감이 작은 상품의 경우에는 1000개를 제작해도 박스 하나 정도의 부피이기 때문에 내가 만들고자 하는 굿즈의 부피와 수량, 그리고 예산을 고려하여 재고를 관리할 수 있는 공간을 마련하는 것이 좋겠습니다.

02 원가와 판매가

굿즈를 판매하기 위해서는 물론 내 굿즈의 디자인과 퀄리티도 중요하지만, 예산과 판매가도 중요합니다. 앞에서도 언급했듯이 원하는 대로 높은 퀄리티로만 제작하다 보면, 원가가 높아짐에 따라 판매가도 함께 올라갈 수밖에 없습니다. 판매가가 높다고 해서 무조건 나쁜 것은 아니지만, 너무 높아지면 판매에 어려움을 겪을 수 있으므로 원가를 기준으로 그 적정선을 유지하는 것이 좋습니다.

굿즈의 원가를 계산할 때에는 단순히 굿즈의 제작비만 생각해서는 안 됩니다. 다른 부가적인 비용을 전혀 고려하지 않고 판매가를 정하게 되면, 판매를 해도 이익이 없거나 오히려 손해를 보는 일까지 발생할 수 있습니다. 그렇다면 원가에는 어떤 것들을 포함해서 계산해야 할까요?

제일 먼저 굿즈의 제작 단가를 포함해야 합니다. 굿즈를 만들 때 나오는 단가가 매출 원가가 됩니다. 그리고 포장도 해야 하므로 굿즈 한 개를 포장하는 비용이 추가됩니다. 이 외에도 추가적으로 드는 비용은 매우 많습니다. 예를 들어 페어에 참가한다면 페어 참가비용과 운송 및 부스 설치비용이 추가됩니다. 또한 입점하여 타 판매처에서 판매하게 되면 입점 수수료가 발생하게 되므로 수수료도 고려해야 합니다. 그리고 추가 입고를 할 때마다 배송비도 추가로 지불하게 됩니다. 만약 개인 오프라인 매장에서 판매한다면 매장 임대료 및 관리비도 추가됩니다. 또, 어느 판매처에서나 계속 직접 판매를 할 수는 없으므로 판매 인력을 보충할 수 있고, 물량이 많아지다 보면 포장도 의뢰할 수 있어 인건비가 추가될 수 있습니다. 재고 관리를 위해 창고를 사용한다면 창고 비용도 추가됩니다. 만약 홍보에도 비용을 투자한다면 홍보비까지도 포함됩니다.

이러한 모든 비용을 모두 고려한 후, 순이익을 추가로 계산한 것이 바로 판매가가 되는 것입니다. 따라서 이런 추가 비용들을 고려하지 않고 물건 값인 매출 원가만 고려하면 오히려 판매를 할수록 적자가 되는 우스꽝스러운 상황이 벌어질 수도 있습니다.

이렇게 판매가는 원가와 순이익을 기준으로 계산해야 하지만, 사람들이 해당 굿즈의 품목에 대해 생각하는 기준도 고려해야 합니다. 따라서 여기저기 다니면서 다른 곳에서는 같은 품목의 굿즈를 얼마에 판매하고 있는지 정보를 수집하는 것도 좋습니다. 경험이 쌓이다 보면 업체의 규모에 따라 대략적으로 수량을 얼마나 제작했을지, 그리고 원가는 어느 정도 될지를 대략적으로 추산해볼 수도 있으므로 여러 판매처를 다니며 공부하는 것도 판매에 도움이 됩니다. 또, 여러 판매처에서 직접 판매를 하다 보면 자연스럽게 소비자들의 반응을 볼 수 있습니다. 이때, 너무 비싸다거나 너무 저렴하다는 등 가격에 대한 반응도 볼 수 있게 됩니다. 소비자들의 직접적인 반응도 판매가를 결정하는 데에 많은 도움이 됩니다. 따라서 작은 마켓이나 페어에서 일단 반응을 살펴보고, 이를 토대로 가격을 조정하여 입점 시 최종 판매가를 결정해도 좋습니다.

판매가는 자신의 상황과 추구하는 지향점에 따라서도 달라질 수 있습니다. 예를 들어 만약 지금 인지도가 높지는 않지만 고정적으로 구매하는 두터운 팬층이 있다면, 굿즈를 높은 퀄리티로 제작해 약간 높은 판매가로 설정해도 문제가 없을 수 있습니다. 또, 만약 이제 막 시작하여 당장의 경제적인 이익보다는 인지도를 높이는 데에 목적을 둔 경우라면 처음에는 판매가를 조금 낮춰 더 많이 알리는 것에 목표를 둘 수도 있습니다. 이렇게 자신의 상황과 지향점에 따라 적정한 선에서 판매가를 결정하면 됩니다.

추후에 점점 성장하며 대량으로 제작하면 원가가 낮아질 수도 있고, 고정적으로 드는 비용이 추가될 수도 있습니다. 따라서 변화하는 자신의 상황에 따라 전체적인 예산을 잡고, 굿즈의 원가와 부가적인 비용을 더해 각 품목에 대한 제작 수량과 판매가를 결정하여 판매하는 것이 좋습니다.

02 판매를 위한 준비하기

굿즈를 판매하기 위해서는 먼저 프리랜서로서 가볍게 판매할 것인지, 사업자 등록을 하여 본격적으로 판매할 것인지를 결정하는 것이 좋습니다. 또, 각 위치에 따라 부과되는 세금에는 어떤 차이점이 있는지도 파악하고 있어야 합니다. 그렇다면 프리랜서와 개인사업자 간에는 어떤 차이가 있는지, 사업자 등록은 어떻게 하는 것인지 하나씩 간단히 살펴보겠습니다.

01   프리랜서와 개인사업자

보통 처음 굿즈를 판매할 때에는 대부분 프리랜서로 시작합니다. 작게 시작하는 단계에서는 프리랜서로 판매하면 됩니다. 그런데 계속 굿즈를 제작하고 판매를 확장해가다 보면 다양한 판매처에 입점도 하게 되고 굿즈 및 캐릭터와 관련된 다른 업무가 생기기도 하면서, 개인사업자가 되어야 하는지 고민하는 시기가 찾아옵니다. 법인사업자도 있지만, 이것은 훨씬 더 소득이 높아졌을 때 고려할 사항이므로 여기서는 다루지 않겠습니다. 그렇다면 프리랜서와 개인사업자는 어떤 점이 다른지, 장단점은 무엇이 있는지 알아보겠습니다.

프리랜서와 개인사업자의 가장 큰 차이점은 세금과 관련된 부분입니다. 프리랜서로 일하면 세금 신고가 비교적 쉽고 편리합니다. 프리랜서는 부가가치세는 신고하지 않고, 종합소득세만 신고 및 납부하면 됩니다. 단, 프리랜서는 외주 작업등을 통해 임금을 받을 때 전체 비용의 3.3%를 원천징수한 후 받게 됩니다. 예를 들어, 받을 돈이 1000만 원이라면 33만 원을 원천징수하고 967만 원만 받게 되는 것입니다. 이후 종합소득세를 신고할 때에는 1000만 원의 수입을 신고하고, 업무 관련 비용을 제한 후 책정되는 세금에서 미리 납부한 33만 원을 제외한 비용을 종합소득세로 납부하게 됩니다.

그러나 프리랜서는 일이 많아져 인력을 보충하더라도, 사업자가 아니기 때문에 사용한 인건비에 해당하는 비용을 경비 처리할 수 없습니다. 또, 굿즈를 제작하면서 지불한 부가세도 환급을 받을 수 없고, 종합소득세가 높아지면 기타 보험료도 더 높아질 수도 있습니다. 따라서 점점 일이 많아지고 수입이 많아지다 보면 개인사업자로 전환하여 경비 처리에 따라 세금을 감면받는 것이 좋습니다.

반면, 개인사업자는 종합소득세뿐만 아니라 부가가치세 신고도 해야 합니다. 같은 상황을 예로 들어 보겠습니다. 개인사업자는 만약 받을 돈이 1000만 원이라면 부가세를 포함해 1100만 원을 받게 됩니다. 물론 이는 추후 부가세 신고 때 다시 납부하는 세금이지만, 매입한 것에 따라 부가세는 줄어들 수 있습니다. 또, 개인사업자는 프리랜서와 다르게 인건비에 대한 비용을 경비 처리할 수 있으며 인건비 외에도 굿즈 제작 및 판매에 필요한 기타 물품을 구매한 것에 대해서도 세액 공제를 받을 수 있습니다.

이렇게 세금과 관련한 것 외에 또 다른 차이점도 있습니다. 다른 업체들과 협업하는 경우, 업체에서 프리랜서와는 계약을 하지 않는 경우가 많습니다. 특히 팝업 스토어 같은 경우는 거의 그렇습니다. 심지어 법인사업자와만 계약하려 하는 경우도 있습니다. 또, 입점한 판매처에서 세금계산서 발급을 요청하는 경우에도 프리랜서는 세금계산서 발급이 불가능하므로 사업자 등록이 필수적입니다. 따라서 상황에 따라 차이는 있겠지만, 일이 점점 확장되다 보면 개인사업자로 전환하는 것이 더 이득일 수 있습니다.

앞에서 살펴본 내용은 프리랜서와 개인사업자의 차이에 대한 기본적인 이해를 돕기 위한 개념이니 이해해두고, 사업자로 전환하는 것이나 세금과 관련된 문제는 전문적인 세무사와 직접 상담하여 도움을 받는 것이 좋습니다.

02 사업자 등록 및 통신판매업 신고

사업자 등록을 하려면 어떻게 해야 하는지 그 방법에 대해 간단히 살펴보겠습니다. 개인사업자 등록은 어렵지 않습니다. 아무 조건 없이도 누구나 쉽게 등록할 수 있으며, 별도의 신청 비용도 발생하지 않습니다. 단, 타인의 명의가 아닌 실제 사업을 하는 사람이 등록해야 합니다.

개인사업자를 등록하는 방법으로는 세무서에 직접 방문하는 방법과, 국세청 홈택스를 이용해 인터넷으로 신청하는 방법이 있습니다. 세무서에서 직접 신청할 때에는 사업자등록 신청서, 신분증, 사무실 계약을 했을 경우 임대차 계약서, 자금 출처 명세서, 동업을 할 경우에는 동업계약서를 준비하여 방문하면 됩니다. 국세청 홈택스를 이용할 때에는 국세청 홈택스 홈페이지(www.hometax.go.kr)에 접속한 뒤, [신청/제출] 카테고리를 클릭하고 [사업자등록신청(개인)]을 클릭한 후 필수 정보를 입력하면 됩니다. 입력을 마친 뒤 업종을 선택하고 사업자 유형을 선택하면 사업자 등록 신청이 완료됩니다. 이때, 이 사업자 유형은 어떤 것을 선택하느냐에 따라 세금 납부와 세금계산서 발급 면에서 조금 차이가 있기 때문에 잘 선택해야 합니다.

간이과세자는 1년 동안의 매출액이 4800만 원 미만인 소규모 사업자, 일반과세자는 4800만 원 이상인 경우이고, 간이과세자는 일반사업자에 비해 낮은 세율이 적용되며 세금 공제 여부도 다릅니다. 또, 간이과세자는 세금계산서를 발행할 수 없습니다. 따라서 자신의 상황에 맞게 세무사의 도움을 받아 결정하는 것이 좋습니다.

만약 굿즈를 인터넷으로 판매하려면 사업자등록증뿐만 아니라 추가로 통신판매업신고증이 필요합니다. 통신판매업 신고도 어렵지 않지만, 매년 면허세가 몇 만 원 정도 발생합니다. 통신판매업 신고는 구청에서도 가능하지만 더 편리하게 인터넷으로도 진행할 수 있습니다. 먼저 정부24 홈페이지(www.gov.kr)에 접속한 뒤 '통신판매업신고'를 검색하여 통신판매업신고 페이지로 들어간 후 [신청하기]를 클릭합니다. 사업자등록증상의 업체 정보와 대표자 정보를 입력한 뒤, 판매방식과 취급 품목을 선택하고 구매안전서비스 이용확인증을 첨부하면 신청이 완료됩니다. 구매안전서비스 이용확인증이란 구매자가 안전하게 결제를 해도 된다는 확인증의 개념으로, 통신판매업 신고를 위해서는 꼭 필요한 서류입니다. 구매안전서비스 이용확인증은 은행에서 사업자 전용 계좌를 개설한 후, 인터넷뱅킹으로 기업용 공인인증서를 발급받고 에스크로 서비스에 가입하면 됩니다. 처음에는 복잡하고 어려워 보이지만, 점차 성장해 나가기 위한 시작이라 생각하고 차근차근 하나씩 해 나가기 바랍니다.

팁

페어에 참가하거나 각종 업체 담당자와 미팅을 진행하다 보면 명함을 가지고 있는 것이 좋습니다. 명함은 제작 방법도 간단하고 비용도 매우 저렴하기 때문에 쉽게 만들 수 있습니다. 템플릿이 있는 일반적인 명함을 만들어도 좋지만, 나만의 캐릭터를 넣어 독특한 명함을 만드는 것이 더 좋습니다. 명함은 양면 인쇄한 작은 엽서와 같은 개념이기 때문에 일러스트레이터로 개성 있는 명함을 쉽게 만들 수 있습니다. 앞에서 작업했던 것과 같은 방법으로 그림을 그려 넣고 내 정보에 대한 텍스트를 삽입하여 매력 있는 나만의 명함을 만들어보기 바랍니다.

03 판매처의 종류와 특징 및 장단점

굿즈의 판매처는 매우 다양합니다. 그렇다면 어떤 판매처들이 있는지, 그리고
각 판매처의 특징은 무엇인지, 어떤 장점과 단점이 있는지를 필자의 경험을
토대로 하나씩 살펴보도록 하겠습니다.

굿즈를 판매할 수 있는 곳에는 여러 종류가 있는데, 각 판매처마다 특징이 다를 뿐만 아니라 같
은 판매처라 하더라도 지역에 따라서, 판매 기간에 따라서도 모두 달라지곤 합니다. 또, 개인의
취향에 따라 특정 판매처를 더 선호할 수도 있고, 굿즈의 성향에 따라서도 판매 결과가 달라질
수 있습니다. 따라서 필자의 경험은 참고사항일 뿐, 모든 것은 내 굿즈를 가지고 직접 판매해봐
야 알 수 있습니다. 기회가 되면 부딪혀 경험해보며 각 판매처의 특성을 터득하기 바랍니다.

01 페어

페어는 원한다면 누구나 신청하고 도전해볼 수 있는 진입장벽이 비교적 낮은 판매처입니다. 물
론 참가 및 설치비용은 필요하지만 일종의 투자라고 생각하고 참가해보면, 굿즈에 대한 반응도
직접 살펴볼 수 있고 팬과 소비자, 그리고 관련 업계 담당자들도 직접 만나볼 수 있는 좋은 기회
가 됩니다. 플리마켓과 같은 경우 페어보다 더 쉽게 접근할 수는 있으나, 페어는 조금 더 많은
사람들을 만나 나를 더 많이 알릴 수 있다는 것에 의의가 있습니다.

페어에도 매우 다양한 종류가 있고, 각 페어마다 다른 특징을 가지고 있습니다. 현재 굿즈 판매
에서 가장 대표적인 페어는 '서울일러스트레이션페어'입니다. 다른 지역에서 열리는 일러스트레
이션페어도 있으나, 비교적 서울에서 열리는 페어에 관람객과 업체 담당자들이 많은 편입니다.
그러나 아직은 인지도가 높지 않더라도 다양한 곳에서 새로운 페어를 주최하여 투자하고 있으
니, 추후에 또 굿즈를 판매하기에 좋은 페어가 많이 생겨날 수도 있습니다. 잘 눈여겨보다 시기
가 맞을 때 참가 신청을 하면 됩니다. '서울디자인페스티벌'도 좋은 행사이지만, '서울일러스트레
이션페어'와 비교하면 개인 작가보다는 조금 더 업체 위주의 페어이기 때문에 참가비용도 더 많
이 들고 부스의 기본 크기도 더 큰 편입니다.

또, 행사의 특징에 따라 굿즈를 구매하러 오는 관람객보다는 디자인 업계 관련 관람객들이 많은 편입니다. 물론 관련 담당자들이 많이 방문하기 때문에 새로운 일을 제안받을 수도 있는 좋은 교류의 장이지만, 처음 굿즈를 판매해보기에는 '서울일러스트레이션페어'가 조금 더 적절합니다.

'캐릭터라이선싱페어'도 참가비용이 많이 들고 기본 부스 크기도 크지만, 캐릭터와 관련된 MD 및 바이어들이 매우 많이 방문하기 때문에 반응을 살펴보기에 좋은 곳입니다. 단, 굿즈 소비자의 반응보다는 업계 담당자들의 반응을 많이 볼 수 있습니다. 담당자들과 미팅도 할 수 있어, 많은 계약을 진행하게 될 수 있습니다.

어떤 페어에 참가하든 내 작품을 많은 사람들에게 알리는 과정은 꼭 필요합니다. 조용히 혼자 만들어 가지고 있으면 아무리 좋은 작품이라 할지라도 사람들이 알 수 없고 아무런 새로운 일도 생기지 않기 때문입니다. 필자도 여러 페어 참가를 통해 많은 계약을 진행하게 되었습니다. 판매도 중요하지만, 처음에는 페어에서 크게 흑자가 나지 않더라도 내 작품을 알리고 소비자들이 호감을 느꼈다면 그것만으로도 이미 성공적입니다. 부족한 부분은 페어를 진행하며 스스로 파악하고, 또 보완해 나가면 되는 것입니다. 따라서 기회가 된다면 예산을 고려하여 다양한 페어에 참가해 많은 사람들에게 알려보기를 추천합니다.

페어 참가 사진

02 온라인 스토어

내 작품을 열심히 알리다 보면 온라인 스토어의 입점 제안을 받아 판매하게 되는 경우가 생깁니다. 또, 개인적으로 온라인 스토어를 오픈해 직접 판매할 수도 있습니다. 인터넷 판매를 하면 전국 각지에서 누구나 쉽게 내 굿즈를 구매할 수 있으므로 여건이 된다면 온라인 판매를 진행하는 것이 좋습니다.

온라인 스토어에서 굿즈를 판매하기 위해 가장 먼저 필요한 것은 바로 상세페이지입니다. 소비자들이 어떤 굿즈인지를 잘 파악하고 구매할 수 있어야 하기 때문입니다. 입점을 해서 판매하는 경우에도 상세페이지는 직접 제작해 전달해야 합니다.

상세페이지를 만들기 위해서는 먼저 내 굿즈의 사진이 필요합니다. 사진을 얼마나 잘 찍고 보정을 얼마나 잘했느냐에 따라 상세페이지의 퀄리티에 매우 큰 차이가 생깁니다. 사진을 준비했다면 일러스트레이터에서 사진을 활용하여 상세페이지를 만들면 됩니다.

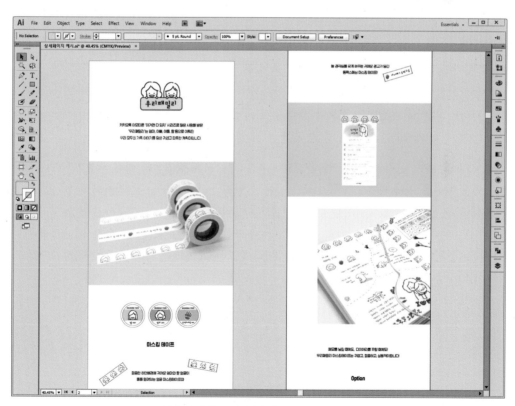

일러스트레이터로 상세페이지를 작업하는 예시 화면

사진 촬영과 상세페이지 제작 모두 전문적으로 하는 곳에 맡길 수도 있지만, 처음 판매를 시작할 때 투자하기에는 금액이 조금 부담스러울 수 있습니다. 또, 내 굿즈의 전반적인 분위기를 제일 잘 알고 어울리는 결과물을 만들어낼 수 있는 사람은 나 자신이므로, 입점 일정이 급한 것이 아니라면 차근차근 하나씩 도전해보는 것도 좋습니다. 필자도 저렴한 미니 스튜디오를 구매해 상세페이지를 직접 제작했습니다. 타 상품들의 상세페이지를 구경하며 레이아웃을 공부하는 것도 도움이 됩니다. 처음에는 조금 어렵겠지만, 한번 제작하고 나면 기술을 터득해 그다음부터는 혼자 쉽게 해 나갈 수 있습니다.

온라인 스토어를 직접 운영하는 경우에는 쇼핑몰 사이트를 만들고, 각 상품의 메인 사진과 상세페이지를 등록한 후 판매를 시작하면 됩니다. 그러나 가장 신경 써야 할 부분은 바로 포장과 배송입니다. 직접 스토어를 운영할 경우 주문 하나하나를 모두 직접 포장해서 배송해야 하기 때문입니다. 주문량이 많으면 판매가 잘 되니 좋지만, 상품을 포장하여 배송하는 데에는 생각보다 시간과 에너지가 많이 소요되므로 자신의 여력을 잘 고려하여 진행하는 것이 좋습니다. 또, 주문량이 너무 적으면 크게 수익도 나지 않는데 주문이 들어올 때마다 배송 준비를 해야 하므로 오히려 더 중요한 업무에 집중하지 못하게 될 수도 있기 때문에 이를 감안하고 오픈하는 것이 좋습니다.

타 업체 온라인 스토어에 입점하는 경우에는 입점 제안을 받아 여러 조건을 협의하여 계약한 후, 메인 사진과 상세페이지를 전달하면 판매가 시작됩니다. 업체의 인지도로 인해 판매량은 개인 온라인 스토어를 운영하는 것보다 많을 수 있지만, 수수료가 높습니다. 입점 판매를 하면 배송 방법을 직접 배송과 위탁 배송 중 선택할 수 있습니다.

직접 배송의 경우, 온라인 스토어를 운영할 때와 마찬가지의 방법으로 직접 포장하여 배송합니다. 직접 배송은 위탁 배송보다 수수료가 낮은 편이지만, 앞에서와 마찬가지로 직접 포장해서 배송해야 하므로 시간과 에너지를 투자해야 합니다. 위탁 배송 방법을 선택하면 포장 및 배송을 업체에서 대신 진행해줍니다. 업체에서 재고가 부족한 상품의 보충을 요청하는 입고요청 주문서가 올 때에만 업체에 한 번씩 배송해주면 됩니다. 이렇게 진행할 경우 훨씬 편리하지만 수수료는 더 높아집니다.

10x10.co.kr

noldagage.com

온라인 스토어 입점 화면

03　오프라인 스토어

내 작품을 열심히 알리다 보면 온라인 스토어뿐만 아니라 각종 오프라인 스토어에도 입점하여 판매하게 됩니다. 오프라인 스토어는 방문하는 사람들이 무조건 내 굿즈를 보게 되므로 인지도를 높이는 데에 효과적입니다. 또, 오프라인 스토어는 각 특징에 따른 내 굿즈별 판매 분석을 하는 데에도 도움이 될 수 있습니다. 예를 들어 백화점 안에 있는 매장인지, 대학가 앞에 있는 매장인지에 따라 잘 팔리는 상품과 잘 팔리지 않는 상품이 달라지는데 이를 분석하다 보면 다른 판매처에서 판매할 때에도 쉽게 수요를 예측할 수 있습니다.

오프라인 스토어와 온라인 스토어의 입점에는 큰 차이는 없습니다. 입점 제안을 받아 여러 조건을 협의하여 계약한 후, 업체에서 요구하는 물량만큼 굿즈를 전달하면 판매가 시작됩니다. 오프라인 스토어는 배송이 필요 없으므로 온라인 스토어의 위탁 배송 방식과 마찬가지로, 업체에서 재고가 부족한 상품의 보충을 요청하는 입고요청 주문서가 올 때에만 업체에 한 번씩 배송해주면 됩니다.

오프라인 스토어는 매장에서 디스플레이를 대신해주는 경우도 있고, 내가 직접 해야 하는 경우도 있습니다. 업체에서 대신해주는 경우, 원하는 디스플레이 방식이 아닐 수는 있지만 편리하게 진행할 수 있습니다. 직접 디스플레이하는 경우, 내가 원하는 대로 디스플레이를 할 수는 있지만 시간과 에너지를 투자해야 하고 디스플레이 용품 구매에 비용이 더 들 수 있습니다. 그러나 오프라인 스토어의 경우에는 내가 원하는 대로 디스플레이를 해놓는다 할지라도, 시즌마다 디스플레이를 변경할 수도 있고 결국 매장 관리 직원이 다시 정리하게 됩니다. 매번 직접 방문하여 정리할 수는 없으므로 이는 감안해야 할 부분입니다.

오프라인 스토어는 온라인 스토어와 마찬가지로 전체 매출액에서 수수료를 제외하고 정산해주는 경우도 있지만, 따로 입점비를 받는 곳도 있습니다. 처음 입점할 때에만 입점비를 내고 그 후로는 수수료 방식을 따르는 곳도 있고 매달 입점비를 요구하는 곳도 있습니다. 업체마다 모두 조건이 다르니 입점 제안이 오면 조건을 잘 따져보고 입점을 진행하는 것이 좋습니다.

오프라인 매장 입점 사진

04 　 팝업 스토어

팝업 스토어는 페어 참가와 입점보다는 한층 더 진행에 어려움이 있습니다. 판매 공간 업체 담당자의 승인이 나야 진행할 수 있고, 직접 행사 준비 및 설치를 해야 하기 때문입니다. 페어와 비교하면 행사 면적이 매우 넓고, 담당자도 설치와 관련해서 어느 정도 이상의 퀄리티를 요구하기 때문에 설치비용도 많이 들게 됩니다. 그리고 행사 기간이 길어지면 인건비도 들고 굿즈 수량도 많이 필요하므로 운송비도 고려해야 합니다. 또, 페어와 같은 경우 부피가 작은 문구류만 있어도 진행하기 쉽지만, 단독 팝업 스토어를 진행하기 위해서는 어느 정도 부피감이 있는 굿즈도 많이 필요합니다. 뿐만 아니라 행사 공간도 스스로 기획하고 설치할 수 있어야 합니다.

그러나 내 캐릭터와 굿즈의 아이덴티티를 확실히 할 수 있고 커리어적으로도 장점이 확실하며, 많은 사람들에게 인상적으로 다가갈 수 있기 때문에 기회가 된다면 진행하는 것이 좋습니다.

팝업 스토어는 업체 담당자로부터 제의를 받고 미팅을 진행하면서 직접 공간을 보고, 일정과 공간을 확정하고 수수료를 협의한 후 계약을 진행합니다. 개인적으로 계약하여 진행할 수도 있고, 팝업 스토어 진행 전문 업체를 두고 진행할 수도 있습니다. 보통 백화점의 경우 영업시간 중 설치는 불가하므로 행사 오픈 전날 야간 설치를 통해 준비를 마칩니다. 운송업체를 통해 설치에 필요한 물품들과 판매할 굿즈들을 가져와 직접 설치하거나, 혼자 설치가 힘들다면 설치 인력을 보충합니다. 이때 공간 기획과 굿즈 디스플레이는 내 캐릭터와 굿즈의 컨셉에 어울리도록 하는 것이 좋습니다. 또, 행사를 진행하다 보면 설치 또는 판매에 있어 항상 예기치 못한 변수가 생기기도 하므로 이에 대해 미리 마음의 준비를 하고 문제가 발생하면 유연하게 대처할 수 있도록 합니다. 행사를 마치면 야간 철수한 뒤 수수료를 제외한 매출액을 정산 받습니다.

팝업 스토어 사진

05   자체 오프라인 매장

가장 시도하기 어렵지만 장점 또한 가장 큰 판매처는 바로 직접 운영하며 내 캐릭터 굿즈를 판매하는 자체 오프라인 매장입니다. 직접 임대 계약을 해 오픈할 수도 있고, 제안을 받아 몰에 입점할 수도 있습니다. 개인적으로 운영하면 모든 면에서 자유롭게 운영할 수 있지만, 그만큼 모든 것을 스스로 관리해야 합니다. 몰에 입점하면 오픈 시간이나 영업에 관련하여 자유로운 운영에 제약이 있을 수 있지만, 몰 자체가 어느 정도의 유동인구를 가지고 있고 전체적인 건물 관리가 된다는 점에서 편리합니다.

개인적으로 운영하려면 예산과 타깃을 고려해 부동산 임대 계약을 하면 됩니다. 몰에 입점하려면 입점 제안을 받아 미팅을 진행하고, 임차의향서와 브랜드 소개서 및 회사 소개서를 제출한 뒤 승인이 나면 계약이 진행됩니다. 계약을 진행하면 이제 매장 인테리어를 할 차례입니다. 일반적인 디스플레이만 할 경우 비교적 인테리어비가 많이 들지 않을 수 있지만, 개성 있게 디자인하다 보면 상당한 비용이 발생하므로, 처음 예산을 고려할 때 보증금과 임대료 및 관리비뿐만 아니라 초기 인테리어 비용도 고려해야 합니다.

오프라인 매장 사진

앞에서 살펴본 타 오프라인 매장에 입점하는 것과 자체 오프라인 매장을 운영하는 것에는 큰 차이가 있습니다. 타 오프라인 매장에 입점하는 것은 그 매장에서 판매하는 여러 상품들 중 일부가 내 상품인 것이기 때문에, 굿즈를 더 많은 사람들에게 보여주고 판매할 수 있다는 장점은 있지만, 내 브랜드 자체의 아이덴티티를 명확히 보여주는 데에는 한계가 있습니다. 또한 디스플레이나 판매 방식 등을 매장에서 자체관리하기 때문에 매장별 판매량 외에는 별다른 소비자의 반응을 살펴볼 수 없으며, 단순한 상품만 납품하여 판매할 수 있습니다.

반면 자체 오프라인 스토어는 직접 운영하고 관리하기 때문에 소비자의 반응을 여러 가지 면에서 분석하기에 아주 좋은 판매처입니다. 새로운 상품이나 이벤트도 쉽게 테스트해볼 수 있으며 단순한 상품 외에 참여형 굿즈나 DIY 형식의 재미있는 굿즈 아이디어도 실현해볼 수 있습니다. 또, 적합한 인테리어를 통해 공간 자체에서 브랜드 아이덴티티가 명확히 느껴질 수 있도록 구성할 수도 있습니다.

내 작품을 지속적으로 알리고 확실한 아이덴티티를 보여줄 수 있는 공간이 있다는 것은 매우 큰 장점이며, 매장 운영은 또 다른 분야이므로 새롭게 배우게 되는 것도 많습니다. 그러나 자체 오프라인 매장은 팝업스토어와는 다르게 한층 더 많은 종류의 굿즈를 필요로 하며, 오픈한 후에도 항상 쉬지 않고 매장을 관리하고 업그레이드해야 합니다. 매장 관리 및 재고 관리도 꾸준히 해야 하므로 더 많은 인력이 필요할 뿐만 아니라 상당한 시간과 노력이 요구됩니다. 따라서 너무 조급하게 시작하기에는 매우 위험하고 신중해야 하지만, 여건이 되고 확신이 생기면 확실히 도전해볼 가치가 있습니다.

04 굿즈의 권리 보호하기

이렇게 굿즈를 열심히 만들고 준비하여 판매를 시작했는데, 누군가가 내 굿즈와 똑같은 굿즈를 만들어 판매한다면 얼마나 당황스러울까요? 남의 얘기 같지만 매우 빈번하게 일어나는 일입니다. 본격적으로 캐릭터 굿즈를 판매해 나가다 보면 내 굿즈의 권리를 보호하는 것 또한 그 무엇보다 중요합니다. 그렇다면 굿즈의 권리를 보호하는 방법에는 어떤 것들이 있을까요?

무단으로 내 캐릭터를 활용한 굿즈를 똑같이 만들어 판매하지 못하도록 내 권리를 보호하는 데에는 크게 세 가지 방법이 있습니다. 저작권, 상표권, 그리고 디자인권입니다. 이러한 권리를 등록하기 위해서는 전문적인 변리사와 직접 상담을 하고 진행하는 것이 좋습니다. 그러나 전반적인 개념은 익히고 있는 것이 좋으므로, 각각의 의미와 특징을 쉽고 간단하게 살펴보겠습니다.

01 저작권

저작권이란 저작자의 권리를 보호하는 것으로, 저작권법은 모든 창작물을 보호해줍니다. 또, 내 캐릭터가 창작된 순간부터 별도의 절차 없이도 저절로 발생하고, 사후 70년까지 보호됩니다. 그러나 저작권은 캐릭터의 이름은 보호해주지 않습니다. 그리고 법적인 문제가 생겼을 때 상표권이나 디자인권만큼 강력하게 보호해주지는 못합니다. 따라서 권리를 확실히 보호하기 위해서는 상표권이나 디자인권을 추가로 신청하는 것이 좋습니다. 저작권은 저절로 발생하기 때문에 등록이 필수적인 요건은 아니지만, 저작권위원회에 따로 등록을 할 수도 있습니다. 저작권위원회에 등록하면 추후 문제가 발생했을 때 권리를 더 명확히 할 수 있기 때문에 여건이 된다면 등록하는 것을 추천합니다.

02 상표권

상표권으로는 캐릭터의 모양과 이름을 등록할 수 있습니다. 그리고 어떤 물품들에 이 캐릭터를 사용할 권리가 있는지 그 분류를 직접 선택할 수 있습니다. 지류와 관련된 굿즈를 만들 예정이라면, 지류 상품이 포함된 분야에 내 캐릭터로 상표권을 등록하는 것입니다.

그러면 그 분야 안에서 내 캐릭터를 독점적으로 사용할 수 있는 권리를 가지게 됩니다. 캐릭터의 이름도 마찬가지입니다. 이름과 캐릭터의 모습을 결합하여 등록할 수도 있고, 따로따로 등록할 수도 있습니다. 상표권은 저작권과 다르게 신청 비용이 꽤 많이 듭니다. 그리고 상품 분류를 등록할 때마다 비용이 추가되기 때문에, 신청하려는 분야가 많을수록 비용이 더 많이 들게 됩니다. 따라서 처음에는 주로 만들 상품 분류만 신청하는 것이 좋습니다. 그러나 캐릭터가 점점 성장하여 캐릭터를 입혀 판매할 굿즈의 종류가 무궁무진해지면 그만큼 많은 분류에 신청을 해야 합니다. 이러한 이유로 대기업의 유명 캐릭터와 같은 경우 거의 모든 상품군에 상표권을 등록해 놓는 경우를 볼 수 있습니다.

상표권은 10년 동안 보호되며, 계속 연장해나갈 수 있습니다. 갱신이 가능하기 때문에 지속적인 보호가 가능합니다. 또, 문제가 발생했을 때 저작권보다 훨씬 더 강력하게 보호되며 언제나 추가 신청이 가능합니다. 따라서 장기적으로 해당 캐릭터의 굿즈를 만들 예정이고 경제적인 여건이 된다면 신청하는 것이 좋습니다. 스스로 신청하면 대행수수료는 아낄 수 있지만 어려울 수 있으니 편리하고 확실하게 하고 싶다면 비용이 조금 더 들더라도 전문적인 변리사의 도움을 받아 진행하면 됩니다.

03   디자인권

디자인권은 상표권이나 저작권처럼 캐릭터의 이미지만으로는 등록이 어렵습니다. 반드시 어떤 물건에 입혀져 있어야 물건 자체가 디자인권으로 보호받게 됩니다. 예를 들어 내 캐릭터가 입혀진 굿즈를 디자인했다면, 그 굿즈 자체가 보호받는 것입니다. 이런 특징 때문에 굿즈 10종류를 만든다면 그 10종류에 대해서 모두 따로따로 등록을 해야 하고, 등록할 때마다 비용이 발생하기 때문에 쉽게 등록하기는 힘든 권리입니다. 디자인권은 저작권이나 상표권과는 다르게 원칙적으로 굿즈를 공개하기 전에 출원을 해야 합니다. 공개 후 1년 내에는 예외적으로 등록할 수 있으나, 굿즈를 판매하기 시작한 시점에는 소규모였지만 추후에 인지도가 높아지는 상황도 있을 수 있기 때문에 여러 가지로 어려움이 있습니다. 그럼에도 불구하고 디자인권을 등록하는 이유는, 문제가 발생했을 때 시간과 비용이 매우 절약되고 강력하게 보호될 수 있기 때문입니다. 처음 굿즈를 만들기 시작했을 때에는 등록하기 어려우므로 점차 확장해 나가면서 등록을 고려해보기를 추천합니다.

05 홍보와 이벤트

굿즈 판매를 시작했다고 해서 모두가 기다렸다는 듯이 찾아와 내 굿즈를 구매하지는 않습니다. 따라서 판매를 위한 홍보 또한 중요합니다. 또, 사람들을 불러 모을 수 있는 이벤트도 잘 기획하면 판매에 큰 도움이 될 수 있습니다. 그렇다면 홍보와 이벤트에는 어떤 방법이 있는지 간단히 살펴보겠습니다.

01   자체 SNS 및 외부 SNS 홍보

굿즈 판매를 위해 활용할 수 있는 가장 편리하고 효과적인 홍보수단은 파급력 있는 자체 SNS 계정입니다. 파급력 있는 자체 SNS 계정을 가지고 있으면, 새로운 굿즈를 제작했을 때 항상 구매하는 어느 정도의 팬층이 있을 수도 있고, 기본적으로 많은 사람들에게 알릴 수 있는 창구를 보유한 것이기 때문에 홍보의 측면에서 매우 효과적입니다. 또 시간과 비용에 관계없이 지속적으로 홍보를 할 수 있다는 점도 장점입니다.

자체 SNS 계정 팔로워들과 내 굿즈를 구매할 타깃층이 일치하면 홍보 효과는 배로 늘어납니다. 예를 들어 만약 내 굿즈의 주요 구매층이 10대라면 10대들이 많이 사용하는 SNS를, 20~30대들이 많이 구매한다면 20~30대들이 많이 사용하는 SNS를 이용하면 더 효과적입니다. 또, 평소에 내 굿즈를 구매하는 소비자들이 즐길 만한 게시물을 올리는 것도 중요합니다. 소비자의 취향을 파악하고 그에 맞는 게시물을 주기적으로 업로드해두면, 추후 행사에 참가하거나 신상품이 나왔을 때 더 효과적으로 홍보할 수 있습니다. 자체 SNS 계정에 게시물을 만들어 업로드하는 것 외에도 비용을 조금 더 투자하여 내 게시물을 더 많은 사람들이 볼 수 있도록 퍼트리는 것도 좋습니다. 그러나 이러한 방법들은 이미 자체 SNS 계정에 팔로워가 많아야 하고, 이것 또한 쉽지 않기 때문에 많은 시간과 노력을 필요로 합니다. 따라서 홍보를 위해 자체 SNS 계정도 꾸준히 관리해주는 것이 좋습니다.

자체 SNS 계정이 아직 파급력이 없다면, 비용을 들여 외부 SNS 홍보를 진행하는 것도 방법입니다. 이미 팔로워를 많이 보유하고 있는 계정에 홍보비용을 지불하고 원하는 게시물을 업로드하는 것입니다. 이때, 내가 홍보할 내용과 타깃이 일치하는 계정을 잘 찾아 진행해야 합니다. 타깃이 불일치하면 비용만 들이고 아무 효과도 없이 홍보가 끝날 수도 있으므로 신중히 선택하는 것이 좋습니다.

또, 외부 SNS를 통해 홍보하는 것은 비용이 저렴하지 않을 뿐더러 일시적이기 때문에, 단기적인 행사 홍보에는 도움이 될 수 있지만 평상시에 지속적으로 홍보를 진행하기에는 알맞지 않습니다.

우리패밀리 자체 SNS 예시

02　이벤트

홍보만큼 중요한 것이 판매처에서 진행하는 이벤트입니다. 물론 입점해서 판매하는 경우에는 내가 원하는 이벤트를 진행할 수 없지만, 플리마켓 및 페어에 참가하거나 팝업 스토어를 진행하는 경우, 또 개인 오프라인 스토어를 운영하는 경우에는 직접 기획한 대로 이벤트를 진행할 수 있습니다.

이벤트는 잘 기획하면 사람들을 많이 불러 모을 수 있습니다. 굿즈 판매에는 분위기도 중요하기 때문에 많은 사람들이 모여 있으면 관심이 없던 사람들도 구경하게 될 수 있습니다. 따라서 이벤트를 잘 진행하면 판매에 큰 도움이 됩니다. 이벤트를 진행하기 위해서는 아무래도 조금 더 비용이 들지만, 예산이 된다면 일종의 홍보비로 생각하고 투자하는 것도 좋습니다.

이벤트는 단순히 지금 판매하고 있는 굿즈의 판매량이 늘어나는 것에만 집중하기보다는 지속적으로 도움이 되는 방향으로 진행하는 것이 좋습니다. 예를 들면 자체 SNS 계정을 키우는 데 도움이 되거나 지금 내가 판매하고 있는 굿즈를 더 많은 사람들에게 알릴 수 있는 이벤트를 진행하면 내 캐릭터와 굿즈를 확장해 나가는 데에 장기적으로 도움이 될 수 있습니다.

마무리하며

책이라는 매체를 통해 전달하다 보니 직접 만나 얘기를 나누는 것에 비해 전달에 한계가 있기도 하고, 제한된 분량 안에서 많은 것을 전달하려다 보니 모두 세심히 잘 전달되었을지 걱정이 되기도 합니다. 그러나 필자가 겪은 많은 시행착오들과 경험을 꾹꾹 눌러 담아 최대한 많은 정보를 전달해드리고자 했으니 독자 여러분께 조금이라도 도움이 되었으면 좋겠습니다.

많은 내용이 있었는데 마지막까지 꼼꼼히 따라와주신 독자분들께 감사한 마음을 전하며, 마음만 먹기보다는 꼭 굿즈 제작과 판매를 실천해보시길 바랍니다. 일단 도전하고 부딪히다 보면 실패하더라도 배우는 것이 있고, 스스로 경험을 쌓아나가며 성장하게 됩니다. 또, 다양한 업체와 미팅을 하고 여러 가지 일들을 진행하다 보면 정보력이 늘어 점점 더 내 능력치의 범위도 넓어질 것입니다. 스스로 쌓은 경험치가 도와줄 것이니 겁먹을 것 없습니다. 꾸준히 노력하고 도전하다 보면 일러스트레이터의 단축키를 사용하는 것도 어느 순간 숨 쉬듯이 자연스러워지고, 눈을 감고도 굿즈 제작을 하고 있는 여러분을 발견하게 될 것입니다. 그때가 되면 처음엔 어려워 보였던 이 책의 내용도 모두 별것 아니었다는 것을 느끼게 될 것입니다.

내 작품을 직접 만들어 판매하고, 소비자들이 즐거워하는 모습을 보는 것은 참 뿌듯하고 즐거운 경험입니다. 많은 사람들이 즐길 수 있는 나만의 개성 있는 굿즈를 만들어 여러분도 이 기쁨을 느껴보시길 바랍니다. 꾸준히 연습하고 도전해서 꼭 많은 사람들이 여러분의 굿즈를 구매하며 행복해하는 모습을 보시길 진심으로 응원하겠습니다. 감사합니다.

색인

색인